なかなか気持ちが休まらない人へ

内藤誼人

三笠書房

「こころのメモリー」を
使いすぎてませんか？

まえがき――「ほっ」と穏やかな気持ちを取り戻すちょっとしたコツ

激しくスポーツをした後に、身体が筋肉痛になることがあります。

「もうこれ以上は、身体を動かしたらダメですよ。少し休みましょう」というサインを、身体がきちんと発してくれているのです。

私たちの心も、まったく同じ。

気をつかいすぎることが続くと、これ以上神経をすり減らさないように、私たちの心はいろいろな形でブレーキをかけてくれるのです。

それはたとえば、偏頭痛や腹痛、鼻づまりや喉《のど》の痛み、発熱であったり、抑《よく》うつであったりするのですが、そういうサインを出すことによって、**「もうそろそ**

ろ休まなきゃダメだよ」ということを教えてくれているのです。

心と身体が「危険！　危険！」と警報のサイレンを鳴らしてくれているのですから、こんなときには、とにかく休むに越したことはありません。

にもかかわらず、たいていの人は、なぜか休まないのですよね。

「ちょっとくらい熱があっても、会社に行かなければ……」

「少し身体がだるいくらいで、仕事を放り出すわけにはいかない」

そんなことを考えてしまうわけです。

そして、本来はしっかりと休むべきときでも、休めない人が増えているような印象を受けます。

自宅に帰ってからも、仕事のことが気になってメールチェックしてしまったり、仕事のことばかり考えていたりして、気が休まらない。心からリラックスできないのです。

自宅に戻ったら、気を休めてのびのびすればいいのに、余計なことばかり考えてしまいます。すると些細《ささい》なことでイライラして、パートナーと口論になってしまったり、子どもについ感情的な対応をしてしまったりします。家庭の雰囲気もトゲトゲしてきて、さらに気持ちが落ち着かない……。そんな悪循環に陥ってしまうこともあるでしょう。

たしかに、気の重い人間関係、仕事のプレッシャー、家事を回していくこと、子育てのあれこれ、実家のこと……など、気にかけなければいけないことはいくらでもあります。

でも、心の警報サイレンが鳴りっぱなしのままでは、耳ざわりでしかたありません。

では、どうすれば、気を休めて、のびのびと過ごせるのでしょうか。

本書では、**気を休めて「穏《おだ》やかな気持ち」を取り戻すための心理テクニック**を数多く取り上げました。「なんだか、最近は、気が休まることがないように感じる……」という人に、ぜひ本書をお読みいただければ幸いです。

「あっ、このやり方なら、すぐにも実践できそう」

「なんで、これを今までやらなかったんだろう！」

そんな目からウロコが落ちるようなテクニックばかりを厳選しましたので、どんな読者にも喜んでいただけると思います。

どうぞ、最後までよろしくおつき合いください。

内藤誼人

もくじ

1章 あまりにもたくさん抱えすぎてませんか
——ときには「スイッチ」を切ってもいい

2章

少しだけ「ズルい自分」も面白い
——心のアクセル、踏みすぎてませんか

3章 心が「ゆるり」とほぐれていく心理術
──もう「深刻な顔」をしなくてすむ

4章

「自分が好き」な人は、いつも前向き

——心の疲れを消していく「自己肯定感」とは？

5章 「ムカッ」「クヨクヨ」を吹き飛ばすコツ
——「知っているだけ」で段違い！

6章 自分の「感情」をどこに向けている？
——気づいた瞬間、心がゆるまる

イラストレーション しば

1章

あまりにもたくさん抱えすぎてませんか

――ときには「スイッチ」を切ってもいい

1 「あれもこれも」に陥らない

何かを買うときも、何かを選ぶときも、「よりどりみどり」のほうがいい。

そんなふうに思っている人は多いと思います。

たしかに、たくさんのフレーバーが選べるアイスクリーム屋さんに行けばワクワクするし、家電量販店でさまざまなモデルのスマホやパソコン、カメラを目の前にすると、ハイな気分になる人は多いでしょう。

「へぇ、こんな商品があるんだ。知らなかった」

そんな刺激や発見は、人生を豊かにする一面があります。

でも、ここで知っておきたいのは、「選択肢」が増えるほどに私たちの悩みや迷いも増えがちになり、心は疲れやすくなる、ということです。

なぜかというと、**「失敗したくない」という気持ち**が強くなるから。

「何でも選べる」という心の負担

「王道のバニラもいいけれど、こっちの限定フレーバーも気になる」

「こっちのパソコンは軽くてカッコいいけど、あっちのほうが値段も安くてコスパがよさそう」

このくらいであれば、「楽しい悩み」レベルです。

たとえ、チョイスを失敗したとしても、

「やっぱり、バニラにしておけばよかった。でも、まぁ、いいか」

「コスパのよいほうにしておけば、今月、こんなに切り詰めなくてもすんだかもしれない。でも、カッコいいから仕方ないな」

と気持ちもすぐに切り替えられます。

でも、これが人生を大きく左右するようなことであれば、どうでしょうか。

たとえば、「どんな仕事に就《つ》くか」ということについて。

私たちには「職業選択の自由」がありますから、自分が望めば、どんな仕事にも就くことができます。

もちろん、医師や弁護士になりたければ、専門的な勉強をして国家試験をクリアする必要がありますし、プロ野球選手には相当の実力がなければなれません。

とはいえ、昔のように「親の職業を継ぐ以外に道はない」という状況におかれている人は、そう多くはないでしょう。

誰もが自由に、自分の思った道を歩んでいくことができます。

でも、「選択肢がたくさんある＝ハッピー」とは、必ずしも言い切れない側面があるようです。

たとえば、私は大学の先生もしていますが、就職活動をしている4年生などは、まったく幸せそうには見えません。

「自分の人生が決まるのだから、絶対によい会社から内定がほしい」

「選択を間違えたら、私の一生は台なしになってしまう」

そんなふうに考えて、就活しています。つまり、「重い」のです。

これでは、かりに内定がとれたとしても、ホッと胸をなでおろすというよりも、「この会社で本当によかったのか?」と自問自答することになり、気も休まりません。内定がとれたのなら、素直に喜べばいいのに、そうすることができないのでしょう。

「えいっ」と踏ん切りをつけたいとき

選択肢が多くなるほど、人は好きなものを自由に選べて「うれしい!」のかというと、事実は、まったく正反対なのです。

アメリカのパデュー大学のジェイコブ・ジャコビーは、4つの銘柄の洗剤から一番よいものを選ばせる、8つの銘柄の洗剤から選ばせる、12の銘柄の洗剤から選ばせる、という3つの条件で実験をしました。

すると、選択肢が増えるほど、選ぶのが大変になるばかりか、かりにひとつを選び出したとしても、「他のほうがよかったかもしれない」と後悔が大きくなることが確認されました。

現代人の気が休まらないのは、何をするにしてもとにかく、**選ばなければならないことが、やたらと多すぎる**から。

「選択肢の多さ」が、気を休ませてくれない原因になっているのです。

これは、おつき合いする相手や結婚相手を選ぶときも同じでしょう。

「親が決めた人と結婚する」のがスタンダードであった時代は、多くの人は結婚相手の選び方で悩むことはありませんでした。

ところが現代は、いくらでも「選び放題」で迷いも多くなりますから、結婚に対して踏ん切りがつかない人が増えています。

「本当にこの相手で〝正解〟なのかな？」

「選択を早まったかもしれない」

「もう少し待てば、理想の人が現われるかも」

などと悶々《もんもん》とした気持ちになりやすいのです。

イケメンや美人はもちろん、魅力的な人は特に、相手を選び放題ですから、なかなか一人に絞ることができません。

実際、アメリカのカリフォルニア州立大学のラミー・タイラーは、複数の異性から言い寄られるようなモテモテの人ほど「理想の条件」が厳しくなることを明らかにしています。つまり、**「ほどほどのところ」で手を打てなくなる**のです。

相手を「よりどりみどり」できる状況とは、実のところそんなに羨《うらや》ましいことではないのかもしれませんね。


「ほどほどのところ」で手を打ってみませんか

2

「着ない服」はバッサリ処分

洋服ダンスやクローゼットの中はギュウギュウ詰め。そんな人は少なくないかもしれません。

もしあなたもその一人なら、そして最近、「心の疲れ」を感じやすいと自覚しているのなら、着ない洋服は、思い切って処分するなり、買い取りに出してしまうなりしてしまいましょう。

前項でお話ししたように、「選択肢がたくさんある」と、私たちは、いちいち悩まなければならなくなります。

「毎日の洋服選び」なんて、ほんの些細なことだと思うかもしれません。でも、「今日は何を着ていこう」「服がなかなか決まらない」が積み重なっていくことで、私たちの神経は気づかないうちに疲れてしまっているのです。

日常生活の中で気が休まらない大きな原因の一つは、とにかく「選択肢が多いこと」。ですから、意識して**生活をシンプルにしておく**よう心がけましょう。

クローゼットは「少数精鋭」に

たとえばウィークデーに着る洋服は5着しか持たないと決めれば、「今日は、どれを着ていこう……」と迷う必要がありません。5着しかなければ、月曜はこれ、火曜はこれ……と、自動的に決まるからです。

『フランス人は10着しか服を持たない』（ジェニファー・L・スコット、だいわ文庫）によれば、フランス人は、そんなに洋服の数を持たず、本当に気に入っている何着かの洋服を着回しているそうです。

自分の気に入った洋服、自分に似合う服だけを残すメリットは、洋服選びに時間をとられることがなくなるだけではありません。

しっくりこない服、似合っていない服を一着も持っていなければ、「ダサい人と思われるかも……」と心配したりすることもなくなります。

「今日の服は、これで本当にいいのかなあ?」

「もっと他に、いい組み合わせがあるかも……」

「このコーディネートで、恥ずかしいと思われないかしら」

そんなことを考えて、クローゼットの前で唸《うな》っていたら、それだけで疲れ切ってしまいますよ。

アメリカのスワースモア大学のバリー・シュワルツは、たくさんのテレビチャンネルをザッピングしてから番組を選ぼうとする人ほど、自分が見ている番組に満足できなくなるという研究結果を発表しています。同じように、自動車の運転をするとき、たくさんのラジオチャンネルから好きな局を選ぼうとする人も、やはり満足できなくなるそうです。

そして、たくさんの洋服の中から、好きなものを選ぼうとする人も、やはり不満を感じやすくなる、という傾向を突き止めています。

「選ぶものがたくさんある」ことが、実は「満足できない自分」を生み出す原因にもなっていることを覚えておかなければなりません。

「迷ってしまう」要素をできるだけ減らしていく

3

「調べれば調べるほど、腹が立ってくる」のはなぜ？

現代では、スマホやパソコンを使えば、手軽に、いくらでも情報を調べられるようになりました。

おいしいお店はどこなのか、自分が欲しい商品を最安値で売っているお店はどこなのか、いくらでも情報収集できます。まったく便利な世の中になりました。

ところが、です。

情報収集にも、「気が休まらない人生」へとつながる落とし穴があるのです。

それは、**情報を調べれば調べるほど、不満やイライラも大きくなってしまうこと。**

「なんだよ、おいしいという評判のわりに、たいしたことないな」

「えっ、こんな商品に、こんなに高い評価がついちゃうの？」

「この程度の品ぞろえなら、他のお店のほうが、ずっとマシじゃん」

情報を調べると、それだけ期待値が上がり、その分、失望感を覚える可能性も増えてしまう、ということにもなりかねないのです。

検索は「適当なところで切り上げる」

アメリカのペンシルバニア州立大学のレックス・ワーランドは、商品やサービスに気に入らないことがあったとき、一般に人々はどういう行動をとるかを調査しました。

すると、「その場で文句を言う」という人は32%しかいませんでした。消費者の多くは気に入らないことがあっても、「まあ、こんなものだろう」と納得してしまうのが現実なのですね。いちいち腹を立てるのも、面倒くさいということでしょうか。

次にワーランドは、『コンシューマー・レポート』誌（非営利の消費者組織、コンシューマーズ・ユニオンが発行している月刊誌）などの雑誌でしっかりと商品やサービスの情報を調べてから購入する、という消費者だけを抜き出して、改めて分析してみました。

すると、こちらの消費者は違いました。情報収集に熱心な消費者は、「腹が立ったら、お店や店員にクレームをつける」がなんと47％。気に入らないときには、しっかり文句をつけるというお客だったのですね。


あまり調べもせずに買い物に行くお客は、「欲しいものがあれば、買おう」というくらいの期待値で、お店に出向きます。それで何かを買って、かりに気に入らないことがあっても、「まあ、しかたがない」と考えます。

ところが、雑誌やネットでしっかりと事前に情報収集をしている人は、そういう手間をかけたぶん、期待にそぐわない商品やサービスには腹を立てます。

手間をかけていないお客なら、**「まあ、いいか」と受け流せる**ことでも、受け流すことができません。そのため、「しっかり文句を言ってやる」ということになるのでしょう。

もちろん、情報検索はするな、と言っているわけではありません。ただ、「適当なところ」で切り上げたほうがよいということはいえます。情報を調べれば調べるほど、知識が増えていって、期待が膨《ふく》らんでしまう、ということもあるからです。

「情報収集なんて面倒くさいや」という人のほうが、買ったものが気に入らなくてもたいして腹も立ちませんし、気軽に受け止められることもあるのです。

「期待値を上げる」と失望も大きくなる

4 「ルーティン化」で心のスタミナを温存

暮らしをシンプルにする有効な手段のひとつが、いわゆる**「生活習慣」をルーティン化**することです。「あれは今日、どうしようか」と考えなければならないことが減って、それだけで気を煩《わずら》わされずにすみます。

たとえば、「朝ごはんはシリアル」と決めてしまってルーティン化してしまえば、「今日は、朝ごはんに何を食べようかな?」と考えなくてすみます。

いちいち考えなくてはならないから、疲れるのです。ルーティン化して、**思考の手間を省くことで、心のスタミナを浪費せずにすむ**のです。

同じように、お昼はいつでもサンドイッチ、夕飯にはいつでも豆腐とわかめの味噌汁、といった具合に決めておけば、忙しい中、何を買うか迷うこともなくなり、「献立を考えるタスク」も省くことができるでしょう。

昔の人は、朝・昼・晩に、たいてい決まったものを食べていました。梅干しと佃煮《つくだに》と魚の干物、のように。だから、献立に頭を悩ませることもなかったでしょう。そういうシンプルなルーティンで生活したほうが、ストレスを感じる頻度《ひんど》は低くなるはずです。

「いちいち考える手間」を省いていく

毎日、決まった習慣に沿って行動するようにすれば、意志力など必要なくなります。いつでも運動する習慣がある人は、「今日は、運動をしようか、どうしようか」などとは悩みません。「運動するのが当たり前」だからです。

みなさんだって、歯磨きをすることが習慣なので、「今日は、歯磨きをすべきか否か」とは考えないでしょう。それと同じです。

アメリカの南カリフォルニア大学のデビッド・ニールは、意志力が低下しているときであっても、習慣化していることであれば、たいして苦労もせずにその行動を実行できることを明らかにしています。

仕事でも、日常生活でも、とにかく**ルーティン化してシンプルなライフスタイルにしてしまう**のがコツです。

毎日、違うことをしようと思うから、疲れるのです。普段とは違うことをやろうとするから、頭を使わなければならなくなり、疲労困憊《こんぱい》するのです。

現代人は「何か新しいことをしないといけない」という強迫観念に駆られているところがありますが、心理学者の私からすると、そういう考えは間違っています。

毎日、同じことをくり返すことは、「退屈」ではなくて、「心が落ち着くこと」なのだと理解しましょう。

「同じこと」をくり返していると心は落ち着いていく

5 「あらかじめ決めておく」とクヨクヨが減る

ルーティン化と非常によく似ているのですが、**自分なりの判断や決定の「ルール」を決めておく**のも心のエネルギーを消費しない、いい方法です。

あらかじめルールが決まっていれば、それに沿って判断すればいいので、いちいち、

「あの依頼は受けたほうがいいかな？　でもな、値段がな……」

「週末にゴルフに誘われちゃったけど、行きたくないなあ……。でも顔を出さないと気まずいかな」

といった悩みを抱えて心の疲れがたまることも減っていきます。

たとえば、あなたが自由業だとして「自分は、謝礼が5万円以下の仕事は引き受けない」というルールを決めておけば、クライアントから仕事の依頼がきたときに、受けるかどうか、いちいち悩まずにすみます。謝礼が5万円以上なのかどうかを質問するだけで判断できるからです。

もし謝礼が3万8千円ということであれば、

「せっかくお声がけくださってありがたいのですが、本当に申し訳ありません、私は5万円以下のお仕事は、すべてお受けしないことにさせていただいているのです」

と淡々と断ることができます。

同様に、「週末は、すべて家族のため、子どものために使う」という「自分ルール」を決めておけば、上司から「日曜日にゴルフに行こう」と誘われても、即座に断ることができます。

お得意様から「週末のイベントを手伝ってくれ」と言われても、

「すみません、今週は子どもと川遊びする予定がもう入っているんですよ」

と悩むことなく断れるでしょう。

このように**ルールが決まっていれば、「ルールに合致するかどうか」だけを考えればすむ**のです。

心のエネルギーを浪費しないために

現役のお相撲さんは、「クルマの運転はご法度《はっと》」というルールがあります。

相撲は個人競技なのですし、いい大人なのですから、自己責任でクルマを運転してもいいではないか、という意見もあるでしょう。

けれども、あらかじめ「現役の力士はクルマの運転はご法度」と決めておけば、少なくとも、「現役力士が交通事故で不祥事を起こした」、ということは避けられるわけです。それに、お相撲さんには、大酒飲みも多いですしね。

心理学の実験でも「自分ルール」をつくっておくのは非常によい方法だとわかっています。アメリカのカリフォルニア州立大学のアーリー・ホックシールドは、

ルールを決めておき、そのルールに従うように行動するのが、心のエネルギーを消費しない、いい方法だと指摘しています。

たとえば「ちょっとでも面識のある人には、必ず自分から挨拶《あいさつ》する」という「自分ルール」を決めたとします。すると、街中で顔見知り程度の人に出会ったときにも、「挨拶したほうがいいのかな、それとも声をかけないほうがいいのかな」などと、悶々とすることはありません。

ただルールに従って、「こんにちは、○○さん！」と挨拶して通り過ぎるだけですむでしょう。

なかなか気が休まらない人は、自分なりのルールを持つこと。できればあやふやでフワフワしたものではなく、バシッと決められるルールだといいですね。

「自分ルール」を決めればウジウジ考える時間が減っていく

6 「せっかちになっている自分」に気づく

現代人は、とてもせっかち。

とにかく何でも早くやらなければ気がすみません。

「各駅停車でのんびりと行くなんて、とんでもない！　いつでも特急で一直線に目的地に到達したい」

というような感じでしょうか。

せっかちなのは悪いことと一概にいうことはできませんが、あまりにもせっかちな生活を送っていたら、心臓だってバクバクとして鼓動が速くなるし、胃腸だってキリキリ痛むに決まっています。

なにせ、たえず全力で突っ走っているようなものですからね。

各駅停車の電車や路線バスに乗って、窓の外の風景をボーッと眺める――こんな時間に、心は「ほっ」とゆるむものです。ウィークデーには難しいかもしれませんが、意識してそうした時間をとることで心を守ることができます。

「5分でも10分でも、時間を短縮したい！」

そんな毎日が延々と続いていけば、心も余裕をなくしてしまいます。

気が急くときこそ「あえてゆっくり動く」

現代人は、どんどんせっかちになっているようです。

アメリカのネブラスカ大学のフィオナ・ナーは、インターネットのユーザーが、情報をダウンロードするのにどれくらい我慢して待てるのかを調べています。

それによると、**我慢して待っていられる時間は、「わずか2秒」**ということがわかりました。

たった2秒！　たった2秒で、イライラし始めるのです。

いかに私たちが、せっかちに生きているのかがわかります。これでは気が休まらないのも当然です。**もう少し、ペースをスローダウンしたほうが、気分転換もはかれて、結果的にすべてがいい形で回ることは多い**ものですよ。イライラ、カリカリしていると、意外とミスをしてしまうものだからです。

たとえば、出張のときにスケジュールを組むのであれば、乗り換えのときにあえて1本、後の電車にし、少しだけ駅のベンチでのんびりする時間を設けてみる、といったことでもかまいません。特急や急行ではなく、あえて普通電車に乗ってみるのもいいでしょう。

せっかく出張で他の街に出かけるのですから、電車での移動を「単なる移動」にするのではなく、「旅行の楽しみ」の意味合いをつけてしまうのです。それくらいは、会社にも大目に見てもらいましょう。

かつて出張といえば、どこに出かけるにも、たいていは泊まりでした。夕方に仕事が終われば、旅行に出かけたときとまったく同じように出張先でくつろぐことができました。

ところが現在では、国内なら日帰りが当たり前。そして翌日も、いつもどおりに出勤。これでは気が休まるわけがありません。

社会の流れには逆らえない側面もあるでしょうが、それでもやはり、自分なりに意識してスローライフを心がけ、生活のペースを落とすこと。ほんの10分、お茶を飲んで心もゆったりさせる、といったことでもいいのです。

別に「サボりなさい」と言っているのではありません。

心を守るために、少しペースを落としてください、と言っているのです。この点を誤解しないでください。

ゆったりした気分でお茶を飲み「ほっ」と一息ついてみる

7 「適当に受け流す」のも大人のたしなみ

心に疲れをためないためには、基本的には、**「何を言われても、適当に受け流してしまう」**といいでしょう。

いちいちマジメに取り合おうとするから、気が休まらないのです。

適当に「はい、はい」と相づちを打って、ごまかしてしまえばいいのに、そうできないマジメな人が増えているように思うのは、私だけではないでしょう。

パオロ・マッツァリーノさんの『13歳からの反社会学』（角川文庫）という本を読んでいたら、「最近、クレーマーが増えたという説に私は同意しません」と書かれていました。というのも、昔から文句を言う人はいくらでもいたからです。

けれども、昔と今では決定的に違う点もある、とパオロさんは指摘しています。

それは、昔の人のほうが、クレーマーに対しても飄々《ひょうひょう》としていたということ。

店員さんも、学校の先生も、苦情を言ってくる人を、そんなにマジメには相手にしていなかったのです。

あれこれと文句を言ってくる人は昔もたしかにいたでしょうが、「はあ、そうですか……」と適当に聞き流していたのです。いわば、スルーしていたのです。

だから、そんなに気に病むこともありませんでした。

批判、クレームに〝心をやられない〟ために

批判に神経質になっている組織や企業は多いですね。また、怒られ慣れていない人が増えたせいか、若い世代の人などは特に小言、文句、叱責《しっせき》を真正面から受け止めてしまうようです。最近は、コンプライアンス（法令遵守《じゅんしゅ》）や、ＳＮＳでの炎上を恐れているのか、クレームを「いいかげんに受け止める」ことができな

いようです。それだけ柔軟性がないともいえるでしょう。

「ああ、また文句言ってるよ、この人」
「こんなに怒って、血圧が上がらないのかな」
「まあ、広い世の中なんだから、心の狭い人だっているだろうね」

そうやって気楽に受け流せばいいのに、そうしないから苦しくなるのです。
特にネット上の匿名《とくめい》の悪口などは、これっぽっちも真に受けないこと。
聞きたくないことは、適当に聞き流しましょう。

「はい、はい、ええ……。はい、たしかに……。はい、わかりました」

と適当に相づちを打って、神妙そうな顔をしてうつむいていれば、そのうち相手も面倒くさくなって文句を言うのをやめてくれますよ。

激昂《げっこう》していたりして、まともな感情状態にない人の話を、まともに聞いてはいけません。頭が冷静になっていないのですから、どうせ話がかみ合うわけがないのです。こんなときには、**「適当にスルーする」**のが心のエネルギーを無駄にしないコツです。

高橋伸夫さんの著書に『できる社員は「やり過ごす」』（日経ビジネス人文庫）という本があるのですが、仕事のできる人ほど、上司におかしなことを命じられても、適当にやり過ごしたり、受け流したりしているようです。

あなたもぜひ、こういうメンタリティを身につけましょう。

「適当にスルーする力」をきたえてみる

8 自分の心を「傍観者のように眺める」

「適当に受け流したり、適当にやり過ごしたりすればいいというのは、感覚的にはよくわかりますが、具体的なやり方を知りたい」

そう思った読者もいらっしゃるかもしれません。

私が言いたいのは、要するに、

「そんなにマジメになりすぎないように」

「もっといいかげんにやりなさいよ」

ということですが、「いいかげんにやるって、具体的にはどうするの？」と疑問を持つ人がいるかもしれないので、もう少し詳しくお教えしましょう。

相手の話を真に受けないためには、**自分を客観化する**のがいいアイデアです。「客観化」というのは、自分をその場に巻き込まれている当事者ではなく、ちょっと離れたところから観察している傍観者《ぼうかんしゃ》のようにみなすというテクニックです。

「売り言葉に買い言葉」を予防する習慣

たとえば、怒りの感情が心に湧き起こったときに、「この野郎！」と感じたり、口に出したりするのは、感情のコントロールができていないことになります。感情に突き動かされてしまっている状態といえるでしょう。

こんなときには、もう一人の自分が、怒っている自分を見つめているような感じで**「実況中継」してみる**のです。

「おっと、私は今、猛烈に腹が立っているようですね」
「さて、この怒りは、どうすれば発散させることができるのでしょうか」

「誰にも迷惑をかけずに、怒りを処理できるかどうか見ものです」

こんな感じで実況中継してみることが、「自分の感情を客観化する」ということです。これをしばらくやっていると、たいていの人は気分が落ち着いてきます。自分の心に否定的な気持ちが浮かんだときには、すぐに客観化してみてください。お医者さんが、患者さんを観察するように、その場を冷静に観察するのもいいでしょう。

そういう客観的な態度をとるようにしていると、文句や悪口を言ってくる人を相手にしていても、「売り言葉に買い言葉」でこちらまで熱くなってしまう、ということがなくなり、その場の空気に巻き込まれずにすみます。

「ムカッ」「イラッ」に心を巻き込まれないために

ニュージーランドのカンタベリー大学のソール・ギブニーは、虫を押し潰《つぶ》す機械で、参加者に5匹の虫を殺すように指示する実験を行なっています（実際には、虫を押し潰して殺しているように見せかけながら、殺してはいませんでした）。

たいていの人は、自分の手で直接に殺すのではなくとも、やはりいい気分ではありませんでした。

ボタンを押すだけでも、それによって虫が押し潰されるのを目の当たりにしたら、気持ち悪いに決まっています。

けれども、ギブニーによると、

「これは科学を進歩させるのに役立つ有意義な研究なのだ」

「できるだけ客観的で、正確なデータをとらなければならない」

といったことを考えていると、そういう〝気持ちの悪さ〟の影響を受けなくなることが明らかになりました。

つまり、**客観化する、というのは、否定的な気分を抑制したり、コントロールしたりするのに役に立つ**のです。

上司やお客さまに怒鳴られているときには、相手の顔にあるホクロの数を数えてみたり、鼻毛が出ていないかとか、呼吸が荒くなっていないかとか観察してみたりするといいでしょう。

そのように何か他のことをやっていると、自分の心が巻き込まれずにすみます。

〝感情の実況中継〟をすれば心の揺れはスーッとおさまる

9 感情を「点数化」してみる

感情を客観化するときには、**自分の感情に点数をつける**というやり方も意外に効果的です。0点を「心穏やかな状態」、10点を「最高の怒り」として点数をつけてみるのです。

このテクニックは、日本アンガーマネジメント協会でも推奨されている方法ですので、その効果は保証されていると考えていいと思います。

「大っ嫌いなクライアントとの打ち合わせは、8点」

「満員電車でオジサンに足を踏まれるのは、う〜ん、4点」

「電話で少し待たされるのは、まあ、たいしたことないから、2点」

イライラするたび、このように点数づけをやっていると、不思議なことが起きてきます。**怒りの平均値がどんどん下がっていく**のです。

本当に自分が許せないことを10点としているのですが、それに比べれば、それ以外のことなど、取るに足らないことだと感じられるようになって、せいぜい2点、3点しかつけなくなります。

2点とか、3点くらいなら、全然たいしたことはないですよね。

そういうことが自分でも客観的に認識できるようになるので、怒りの感情も小さくなっていくのです。

「今日の忙しさは、まあ6点」

これからは怒りを感じたときには、手帳にそのときの怒りの点数を記録してみましょう。

おそらく最初の1週間では、ものすごく高い点数が並ぶと思うのですが、2週目、3週目になってくると、次第に点数は小さくなってくるはず。

「あのときの、あれに比べたら……」と他の怒りと相対的に比較しながら判断すると、「たいしたことがない」ということが自分でもよく実感できるようになるのです。

そのうち、怒りを感じたとしても、1点とか2点にしかならなくなります。これなら、どうということのない点数です。そうなれば、もう記録をとる必要もありません。怒りを客観化できて、きちんとコントロールできているからです。

アメリカのスタンフォード大学のレベッカ・レイは、「最近、腹が立った人について、何度も、何度も考えてみる」という実験をしています。何度も、何度も考えさせられた人は、当然のように怒りの感情が湧き起こりました。

そこでレイは、次に客観的に考える方法を教えました。

すると、何度も考えさせられることで怒りは増幅されましたが、その幅はとても小さく抑えられることがわかりました。

自分の感情を客観視できるようになると、たいていの怒りは、自分でもコントロールできるようになるという証拠です。

点数化というのは、とても便利なやり方ですから、ぜひお試しください。仕事が忙しくてパニックになりそうなときでも、**「今日の忙しさは、まあ6点」**と点数をつけているうちに、心は落ち着いてきますよ。

その「ムカッ」「イラッ」は何点ですか?

Column

心の痛みは、身体の痛みよりも強い

ケガをすれば、もちろん身体は痛いわけです。そして心の痛みは、ケガのように目に見えるわけではありませんが、同じような苦痛を伴います。

いや、「身体の痛み」と「心の痛み」を比べると、後者のほうがずっと強いのではないか、とさえ考えられています。

香港大学のチャン・シェン・チェンは、「将来、恋人に裏切られたとしたら、どれくらいつらいと思いますか？」などの質問をすることで、さまざまな心理的な痛みについて10点満点で評価してもらいました。

さらに、「将来、足を骨折したとしたら、どれくらいつらいと思いますか？」などと尋ねて、身体的な痛みについても、同じく10点満点で評価してもらいました。

すると、**心理的な痛みのほうの平均値は4・37点**であったのに対して、**身体的な痛みについては1・36点**でした。

なんと心理的な痛みのほうが、身体的な痛みに比べて3倍以上も苦痛だろうと感じられたのです。

足を骨折するのは、イヤなことに決まっています。

けれども、よほどひどい骨折なら別ですが、1カ月、2カ月も経てば痛みも治まり、元どおりの生活が送れるでしょう。

ところが、信頼していた友人に裏切られたとか、仲良しの友達だと思っていた人が陰で自分の悪口を言っているのを知ってしまったといった心の傷については、いつになったら治るのか、はっきりとわかりません。

もしそれがトラウマになったりすれば、何年にもわたって苦痛を感じつづけることになるでしょう。

身体のケガのほうは、目に見えるということもあって、たいていの人はお医者さんにかかります。治療もせずに、自力で治そうとする人はあまりいません。

ところが心の傷については、あまりお医者さんにかからないのですよね。

もちろん、小さなことであれば、自力でどうにかしようとしてもいいのですが、あまりに大きな傷だと思われるようであれば、心療内科などにかかったほうが早く治ります。

身体のケガでも、ほんの小さな傷だからといって放っておくと、そこから雑菌が入って大変なことになる場合もあります。心の傷も同じで、小さいからといって放っておくと、次第に心の中で悪意や敵意、恨みの感情などが蓄積されて、大ごとになってしまうこともあります。

心の痛みは、身体の痛み以上に大きいのですから、できるだけ早めに治すことを心がけましょう。

2章

少しだけ「ズルい自分」も面白い

――心のアクセル、踏みすぎてませんか

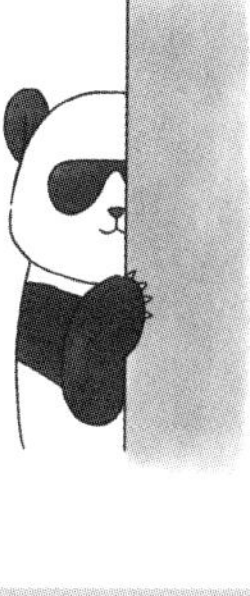

10

少しくらい「不純」なほうがいい

ストレスの多い人生を生きていく上では、清濁《せいだく》併《あわ》せ呑《の》むというか、**ちょっとくらい不純な心を持っていたほうが、気疲れしない**ものです。

「純粋であること」を理想としてしまうと、結局は、自分の心がつらくなっていきます。もともと人間は、そんなに純粋ではありませんから。

たとえば、「水」は化学式で表わすとH_2O。つまり水素分子（H）と酸素分子（O）でできています。でも、私たちが実際に口にする水の中には、二つの分子以外にも、いろいろな成分が入っています。

一方で、「不純物をまったく含まない水」というのも、あります。これを「超純水」といいます。この水は、半導体の洗浄などに使われるのですが、ミネラルも入っていませんから、飲んでもおいしくありませんし、たくさん飲むと、お腹を壊してしまうのだそうです。

飲み水には、適当に不純物があったほうがいいのです。そして、人間も同じようなものではないでしょうか。

「見て見ぬふり」ができるのも人間力

イギリス南東部にあるサーリー大学のモイラ・ディーンは、18歳から65歳までの人を調べ、道徳心が強い人ほど、非常に厳しい基準で生きていることを突き止めました。

ディーンによると、そういう人は、たとえばオーガニックな野菜や果物しか食べないと決めていて、そうでない食べ物を口にすると、罪悪感まで覚えてしまうそうです。

道徳心に溢《あふ》れているのは素晴らしいことです。ただ、それも程度問題で、あまりに厳格だと、疲れてしまいます。

そんなに純粋でなくてもいいのです。

ほどほどに道徳的であればよくて、そんなに堅苦しく、何でも杓子《しゃくし》定規に考えたりしないほうが、ラクに生きていけるはずです。

たとえば毎日、遅刻するようでは困りますが、いつもはきちんと来る部下がたまに5分くらい遅れてきたときには、多少のお目こぼしをしてあげてもいいでしょう。目くじらを立てれば、自分は血圧が上がりますし、部下は恨みに思うでしょう。何か〝事情〟があったのかもしれませんしね。

「まあ、いいか」と見て見ぬふりをしてあげるのも、人間としてのやさしさだと思います。

そんなに堅苦しく生きてると疲れますよ

11 悩み始めたら「確認行動」を起こす

「私は、職場で嫌われている」

「私だけ、周りから浮いている」

そんなふうに感じて、悩んでいる人がいます。

その悩みは、とても深刻なのかもしれません。

しかし、ですよ。

本人の杞憂《きゆう》ということは、ないのでしょうか。「私は嫌われている」というのは、あくまでも「主観」にすぎません。嫌われているという確かな証拠があるのならともかく、本人の思い込みということもあるかもしれません。

たまたますれ違ったとき、相手が「エヘン」と咳《せき》ばらいをしたとして、それは本当にあなたに対する嫌悪感からしたことなのでしょうか。ただ単純に、喉がいがらっぽくて咳をしただけ、という可能性も、ないとは言い切れませんよね。

一人で勝手に思い込んで、悶々と悩んでいるくらいなら、**「確認行動」**を起こしてみてください。

「自分は職場で嫌われている」と思うのなら、ちょっと鈍感なふりをして聞いてみるのです。

「私、ご迷惑をおかけしてばかりで、みなさんに嫌われていたりしませんよね？」と。

たいていは、「そんなことないよ！」と笑って答えてくれるはずです。

一人で勝手にいじけない

私たちは、自分の勝手な思い込みから、問題を大きくしてしまうことがよくあります。

『NYの人気セラピストが教える自分で心を手当てする方法』（ガイ・ウィンチ著、かんき出版）という本では、一人で悩んでいてもどうせ解決などできないのだから、さっさと確認行動をとることが推奨されています。

同著には、リストラで失業したとたん、友達から連絡がこなくなった人の例が挙げられています。

本人は、「クビになったヤツなんかには、もう用はないということか……」と2週間ほどひどく落ち込んでいたそうです。

いきなり連絡がこなくなることなどあるのかと考えたセラピストは、「一応、迷惑メールのフォルダも確認してみたら」とアドバイスしました。すると、そこには友人たちからの誘いのメールが入っていたのです。

友情がなくなったわけではなくて、友情はずっとそこにありました。友人からのメールは、たまたま迷惑メール扱いされていただけだったのです。もちろん、その人の悩みがスッキリと晴れたことは言うまでもありません。

悩んでいるくらいなら、相手に直接、確認してしまいましょう。

確認してみると、何でもなかったということは意外によくあるものですよ。

確認しないと、いつまでも正解がわからず、モヤモヤした気持ちが消えることはありません。確認しさえすれば、そういう悩みは一瞬で吹き飛ばせるものなのです。

ウジウジ悩むくらいなら
ズバリ「聞いてみる」

12 「お金がたっぷり欲しい」気持ちに正直になる

本書は、「気が休まらない」人のための本ですが、だからといって、「手抜きをして、のんびりするのがいいんだ」というスタンスはとりません。

目標に向かって努力することも、仕事で結果を出して昇進・昇給することも、与えられたお役目を果たしていくことも、人生では大事。

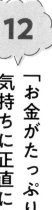

大切なのは、**「やるべきこと」はしっかりやって、心を休ませることも忘れない**、ということです。

アメリカのサンフランシスコ州立大学のライアン・ホーウェルは、ウェブで募集した1284名を分析して、収入と貯金が十分にある人ほど、心理的な安心感が得られることを明らかにしています。「いざというときも、1年間はラクに生活できる貯金がある」と思えば、不安や心配もなくなるのです。

「願ったり、かなったり」の現実につながるヒント

同じような調査は、アメリカのプリンストン大学のターニャ・ミロンシャッツも行なっています。ミロンシャッツは、平均年齢43・7歳の女性を対象にして、「金銭的な安定のことをどれくらい考えますか?」と頻度を尋ねてみました。彼女たちの収入は、だいたい6万ドルから7万ドルくらいでした。

ミロンシャッツは、「まったく考えない」を①とし、「たまに考える」なら②、「日に少なくとも1回」なら③、「毎日、何回も考える」なら④と回答してもらうようにしました。すると、46・1%は③を選びました。35・2%は④と答えました。つまり80%を超える人が、「もっと金銭的に安定していたらなあ……」と思っていたのです。「まったく考えない」と答えたのは、わずかに0・4%でした。

ミロンシャッツは、さらに人生満足度も調べて、金銭的な安定を考える頻度との関連を調べてみましたが、「金銭的な安定のことをよく考える人ほど、人生に不満を抱きやすい」ことがわかりました。

つまり日々のお金に困っているようでは、人生を楽しむのも難しくなってくる、というわけです。ですから、それを避けるためにも、**「お金もたくさん欲しいし、昇進もしたい！　頑張るぞ～」**という気持ちで働いたほうがいいのです。

一生懸命に働いていれば、その努力を、必ず、誰かが見ていてくれます。

「どうして自分は、こんなに給料が安いんだ！」と不満顔でいるよりも、目の前のことに精を出すこと。そこから「願ったり、かなったりの現実」につながるヒントをつかめるはずです。

堂々と「お金っていいよね」と認めてみる

13 「ちょっと図太いあの人」みたいになる方法

緊張していると、私たちの身体は自然と警戒反応をとるようになります。心拍数は増大し、血圧は上昇し、瞳孔《どうこう》は拡大します。いざというときには、すぐに行動に移せるように、身体がいつでも動ける準備状態をとるわけです。

まだ人類がジャングルで生活していたような時代には、そうした警戒反応をとることが必要でした。猛獣が近づいていることをいち早く察知し、急いで逃げなければ、命を落としかねなかったからです。

この身体反応は、現代人にも受け継がれています。緊張すると心拍数が増大するのは、「さあ、いつでも行動できるぞ」という準備を身体が整えているということです。

ただし、こういう緊張は、もし何も危険がないとわかったのなら、さっさと解かなければなりませんし、そうするのが自然です。

ところが、危険が去ったというのに、**いつまでも緊張が解けない人**がいます。「緊張していることが当たり前」になってしまっているのです。

こういう人は、多くの人が気にならないような非常に小さな刺激にも、いちいち過敏に反応を示すようになります。身体が緊張しているので、小さな刺激でも、ものすごく大きく感じるのです。

「すぐイラッとしてしまう自分」に気づいたら

神経過敏になってしまうと、「図太いあの人みたいになれたらいいのに……」などと思うようになります。なぜなら、身体が緊張していると、ウェイトレスが注文をとりにくるのが少し遅いくらいのことでもイライラしたり、マンションのお隣りさんのちょっとした生活音でさえも、「許せない！　うるさい‼」となって、ストレスがたまってしまうからです。

国際催眠学会会長でもあったアインスリー・ミアースによると、不安と緊張に悩んでいる人には、たいてい共通する特徴があって、それは「身体のこわばり」だそうです。たえず緊張しているので、身体が石像のように固まってしまっているというのです（『新装版　自律訓練法——不安と痛みの自己コントロール』創元社）。

ミアースは、神経が緊張している人に、「緊張していませんか？」と尋ねても、たいていは「そんなことはない」と否定するのが普通だと指摘しています。

そこでミアースは、彼らの片腕を下から持ち上げて、いきなり支えの手を離すというテストをしていました。普通なら支えが外された手はストンと下に落ちるはずなのですが、彼らの腕は、空中にとどまったまま。そういう現実を見せてあげると、患者も自分は緊張していると、ようやく納得するのだそうです。

「小さなことにいちいち過敏に反応しているかも」と思ったら、それは身体が警戒状態をとりつづけている証拠。

そんなときは、すぐに緊張を解くようにしましょう。大丈夫。自分の「心の仕組み」を知って心理学の知識を毎日の生活に少し応用していけば、ちょっと図太い「あの人」みたいに、**何ごとにも大らかに向き合える**ようになります。

具体的なやり方は3章以降で詳しく紹介しますが、目を閉じて深呼吸したり、椅子《いす》から立ち上がってトイレまで歩いたりと、「簡単な気晴らし」をするだけでも、効果はあるのですよ。

一人でキリキリしていないで、ぜひ、心理学の知識を味方につけましょう。

一人でキリキリするのはもうおしまい

14 泥水も、そのままにしておけば澄んでくる

「泥水も、そのままにしておけば澄んでくる」という老子の言葉があります。

たいていの感情は、しばらくそのままにしておけば、落ち着いてくるのが普通です。

たとえば、カッと怒りの感情が心に湧き起こったとしても、その感情を周りにぶちまけたりせず、しばらく放っておいてください。すると、心は落ち着いてきます。どれくらい放っておけばいいのかというと、だいたい90秒。

「えっ、たった90秒で落ち着いちゃうんですか?」と思われるかもしれませんね。

ですが、90秒も待てば、だいたい十分なのです。

アメリカのハーバード大学の脳神経科学者ジル・ボルト・テイラーによると、怒りの化学物質の痕跡《こんせき》が血液中から消えてなくなるのにかかる時間は、普通は90秒くらいなのだそうです（『「感情美人」になれる7つの扉』柊《ひいらぎ》りおん、光文社）。

「なんかムシャクシャしてきた！」を拡大させないコツ

ところが、たいていの人は、怒りがもっとずっと長く、90秒を超えてもつづきますよね。

それは、「怒りの回路」を使いつづけるように、自分で脳みそに指令を送っているから。たえずガソリンを投入していたら、怒りの感情が消えるわけがありません。

怒りの感情をさっさと消すためには、怒りの対象について考えるのを90秒くらいやめればいいのです。

「アイツは、まったく口のきき方がなってない」

「ムカつく！　ぶん殴ってやりたい」

そんなことをずっと考えていたら、いつまでも気が休まることはありません。

「なんかムシャクシャしてきた！」

そんなときこそ、

「週末は何をしようかなあ」

「面白いスマホのゲーム、何かないかなあ」

「新聞でも読むか」


と、何か違うことを考えていれば、怒りの炎もいつの間にか鎮火できます。

これは**「ディストラクション法」**と呼ばれるテクニックで、イギリスのシェフィールド大学のトーマス・ウェッブによって効果的なやり方であることが確認されています。

ウェッブによると、違うことを考えるときには、内容はニュートラルなものでも、ポジティブなものでも、どちらでも有効であるそうです。

ムカッ腹を立てているときに無理して何かポジティブなことを考えようとしなくとも、

「牛乳を買って帰らなくちゃ」

「お金の振り込みはいつまでだったっけ？」

など、気を紛《まぎ》らわせるようなことであれば、なんでも大丈夫です。

怒りの感情を持てあましている人は、けっこう多いのではないかと思いますが、**「たった90秒で消えてしまう感情」**なのだと思えば、気もラクなのではないでしょうか。

「怒りの炎」に自分からガソリンを投入しない

15 つまらない見栄を張らない

見栄っ張りな人は、他人に自分のカッコ悪いところをなかなか見せられません。それどころか、精一杯、背伸びをしようとしますから、それだけ疲れてしまうことになります。

その点、まったく見栄を張らない人、他人からどう思われようがあまり気にしない人は、「等身大の自分」でいられますから、気苦労はせずにすみます。

つまらないプライドに縛られていると、どうしても気苦労の多い人生を歩むことになります。**見栄を張らないほうが、人はラクに生きていける**ものです。

プレゼンテーションをするときや、人前でスピーチをするときには、「雑巾《ぞうきん》で顔を拭《ふ》くとあがらない」という迷信があります。

ずいぶんヘンテコな迷信だと思われるかもしれませんが、言わんとするところは、つまらないプライドなど捨ててしまいなさいよ、という意味です。

雑巾で顔を拭くとは、自分を貶《おとし》める行為ですが、そうすることでつまらないプライドを粉々に砕いてしまえば、気楽に人前で話せるようになります。

カッコいいところを見せようとするから、緊張するのです。

カッコ悪いところも、どんどん見せましょう。ドジなところ、どこか抜けているところも、包み隠さずに見せたほうがいいのです。

「せっかく、それなりに『できる人間』に見られているのに、わざわざ自分の価値を貶めるようなことをするのは、損になりませんか?」

と思う人がいらっしゃるかもしれませんが、そういう心配も不要です。

なぜなら、なんでも完璧にこなしてしまうスーパーマンのような人間は、どこか近寄りがたいイメージを与えます。ところが、何もないところでつまずいて転んでしまうような、ちょっとドジなところのある人には、多くの人が「安心してつき合える」というイメージを持つからです。

作戦として「あえて、しくじる」のもいい

元アメリカ大統領のジョン・F・ケネディは、ハーバード大学を卒業したエリートで、スポーツも万能、魅力的な顔だちで女性にもモテました。しかも、父親はスーパーリッチ。まさにスーパーマンのような人物でした。

そんなケネディ大統領ですが、ピッグス湾事件（一九六一年、カストロ革命政権の転覆を狙い、アメリカの支援を受けた亡命キューバ人がキューバに侵攻したが、失敗に終わった事件）にあたっては大失敗の命令をしたことがあります。当然、その後の世論調査では、人気も落ちるだろうと思われていました。

ところが、ケネディの人気は「上がった」のです。それまでは万能のように思

われていて、近寄りがたいところのあったケネディ大統領でしたが、失敗をすることで「ケネディも私たちと同じ人間なんだ」と思われたからです。

この現象に興味を持ったアメリカのカリフォルニア州立大学のエリオット・アロンソンは、**「しくじり効果」**というユニークな現象を明らかにしています。人は、**ちょっとドジなところがあるほうが、カワイイ、親しみを感じる、と思ってもらえる**のです。これが「しくじり効果」です。

見栄っ張りな人や、プライドの高い人は、たまにはだらしないところや、ミスをするところを見せてもいいのではないでしょうか。

作戦として「あえて、しくじる」ことをしてみるのです。

仕事ができると思われている人が、たまにちょっとしたミスをして赤面していたりすると、かえって職場の人の好感度は上がります。

ちょっとドジな人のほうがカワイイもの

16

「優等生」より「ペテン師」になれ!?

悪いことをすると、罪悪感で気分が落ち込むと一般には思われています。

しかし、実際には、悪いことをすると、一種の快感が得られて、満足するのです。これを心理学では、**「チーターズ・ハイ」(ペテン師の興奮)**と呼んでいます。

アメリカのワシントン大学のニコル・ルーディは、大学生に数学の問題を解かせて、自分で採点もさせてみました。

自己採点のときには、実験者は部屋から離れてしまうので、やろうと思えばいくらでもズルをすることが可能でした。本当は、答案用紙に工夫がしてあって(いったん鉛筆で書いたら、消しゴムで消しても跡が残るようにしておきました)、採点のときに答えを変えたかどうかわかってしまうのですが、学生たちは自分たちがズルをしていることがバレていないと思って、安心して答案の書き直しをしました。

それから実験が終了したところで、どれくらい「満足」であるか、どれくらい「快適な気持ち」かを聞くと、**たくさんズルをした学生ほど、満足度が高くなる**ことがわかりました。

私たちは、ちょっぴりズルいことをすると、うれしいと感じるようですね。

許される範囲で「チョイ悪」を

いつでも道徳的で、悪いことは絶対にしないというのでは、息が詰まってしまいます。

品行方正なことは、人間としての美徳ではありますが、それも程度問題です。あまりに堅苦しいのでは、誰だって息が詰まります。そんなときには、ちょっと

「ヤンチャ」をするか「チョイ悪」行動をしてみてください。

「いや、とてもそんなことはできません！」

というマジメな人もいるかもしれませんが、どのレベルが「チョイ悪」なのかは、人によって違います。

自分が「チョイ悪だな」と思えればいいのであって、法に触れるようなことをしろ、と言っているわけではありません。

たとえば身だしなみにうるさい社風の会社に勤めているのなら、ほんの少しだけネクタイを緩《ゆる》めてみる、派手な柄のネクタイを締めてみるだけでも、「チョイ悪」行動をしたことになるでしょう。

勤務時間中に「お得意さんに呼ばれました」とウソをついて、こっそりとカフェでお茶を飲んでくるだけでもいいでしょう。カフェだと人に見られる危険があるというのであれば、自動販売機で好きな飲み物を買ってきて、どこかの路地裏で休憩するのもいいでしょうね。

不良学生などは、校舎裏でこっそりタバコを吸うことで「チーターズ・ハイ」を楽しんでいるのだろうと心理学的に分析できます。

大人の私たちも、ごくたまになら、許される範囲で「チョイ悪」な行為をするのも、心を疲れさせないためにいいのではないかなと思います。

自分なりの「チーターズ・ハイ」を楽しんでみる

Column

女性と男性の「悩みの違い」

若い女性の中には、「ランチメイト症候群」で、つまり、職場でお昼を一緒に食べてくれる友達がいないことを苦にして、会社を辞めてしまう人がいるそうです。しかも、決して少数ではなくて、けっこう多いという話も聞きます。

男性に比べると、女性はいつでも「グループ」で行動する面が強いですよね。トイレに行くときも、部活動に行くときも、登下校のときなどにも、たいてい何人かで集まっています。

そのためでしょうか、女性のほうが、「人間関係がつらい」と考える度合いが強く、「のけ者」にされると大きなストレスを感じてしまうようです。

スウェーデンのストックホルム大学のビッテ・モーディンは、小学校6年生のクラスの人気度を測定しました。具体的には、クラスの全員に、好きな人の名前を3人書いてもらったのです。この調査は、1973年から2000年まで行なわれました。

そして、30年後、小学生だった子どもたちが、不安やうつ、その他の精神的な問題などで通院したことがあるか記録を調べてみたのです。すると、小学校時代に、あまり人気のなかった女の子ほど、精神的な問題を抱えていることがわかりました。

クラスメイトたちから、好きな人として名前を書いてもらえるような女の子は、ほとんど何の問題もなく人生を送ることができたのですが、誰からも名前を書いてもらえなかった女の子には、精神的にまいってしまう人が多いようです。

男の子の場合、人気があろうがなかろうが、精神的な問題との相関関係はありませんでした。男の子は、かりにクラスメイトから嫌われていたとしても、「そんなのどうでもいい」というタイプが多かったのです。

もしあなたが女性であれば、あまり深刻に人間関係で悩まないようにしてください。

普段、仲良しグループで行動しているのに、自分をのけ者にして、他の友達が遊びに出かけたとしても、あまり気にしないことです。

たまたま、そういうことが起きたのだと思って、気軽に受け流すことです。あるいは男の子のように、「そんなこと、どうでもいい」と開き直ってしまうのもいいかもしれません。

3章

心が「ゆるり」とほぐれていく心理術

——もう「深刻な顔」をしなくてすむ

17 自分から「ピエロ」になる

お互いに言葉も交わさず、挨拶もしないためオフィスが静まりかえっている。用事があっても、目の前の席に座っている人にさえメールですます——そんなふうに、黙々と仕事に取り組んでいる職場があるとしましょう。

誰とも口をきかずに静かに仕事をしているのですから、生産性は上がりそうですが、実際のところは、ものすごく息が詰まってしまうものです。私ならきっと、耐えきれなくなってしまうでしょう。

『不機嫌な職場——なぜ社員同士で協力できないのか』（高橋克徳他著、講談社現代新書）という本がありますが、こういう〝不機嫌な職場〟は、日本中、いたるところで見られるようになってきました。

みんなが仏頂面をして、パソコン画面ばかり眺めている——そんなギスギスした雰囲気の職場にいたら、息が詰まって気が休まらなくて当然です。

もし、「私の職場がまさにそんな感じ！」ということであれば、精神的にリラックスして仕事をさせてもらうためにも、ここはひとつ、職場の雰囲気の改善に一肌脱いでみてはいかがでしょうか。

「ユーモアでいっぱいの場」をつくるコツ

どんなに不機嫌な職場であっても、誰か一人でも「ピエロ」を演じていれば、そのうち、クスリと苦笑いしてくれる人が必ず出てきます。そして、そうした苦笑いがきっかけとなって、次第に職場全体が明るくなってくるのです。

アメリカのミズーリ大学のクリストファー・ロバートは、**「ユーモアの車輪モデル」**という理論を提唱しています。

職場で誰かがひょうきんなことをしていると、その近くにいる人もポジティブな気持ちになってきます。こうして、ユーモアを受け入れる雰囲気が徐々に、徐々に広がっていきます。

すると次に、それまでは絶対にひょうきんなことなどしなかった人まで、親父ギャグやダジャレを言い始め、職場全体の雰囲気が少しずつ変わるのです。車輪が回り始めるように雰囲気が変わってくるので、これを「ユーモアの車輪モデル」と呼びます。

講演会でもそうです。

講演者が何か面白いことを言っても、最初は会場全体が凍りついたように静かなままです。非常に「お寒い状況」なわけですが、そこを我慢してさらに冗談を言っていると、必ず、誰かが笑ってくれます。

失笑でも、苦笑いでも、何でもいいのです。

そういう「小さな笑い」が引き金になって、30分も経つと、会場全体が大爆笑の渦《うず》に巻き込まれていきます。上手な講演者はそういう雰囲気づくりがうまいというか、車輪を回すのが得意なのですね。

「うちはノルマが厳しくて、職場の人たちがトゲトゲしている」
「社内の競争が激しくて、みんなギスギスしている」
「デスクで仕事をしているだけで、呼吸困難に陥りそう」

もし、そういう職場で働いているのだとしても、諦《あきら》めてはいけません。勤務時間内に誰かが大きな音のオナラをしてしまったことがきっかけで、みんなが大笑いしてから社内が明るくなったという話をどこかで聞いたことがあります。

ひょっとしたら職場の他の人たちも、「誰かがピエロを演じてくれないかな」と心待ちにしているかもしれませんよ。

「小さな笑い」が引き金になっていい雰囲気が広がっていく

18 「せかせか気分」をほぐす1分間テスト

たえず何かに追いかけられているように感じる人は、気持ちが落ち着いていないのです。なんだかせかせかした気持ちがずっとつづいているように感じたら、1分間でできる簡単なテストをしてみましょう。

用意するものは、腕時計だけ。スマホがあれば、スマホの時計でも、壁の時計でも、何でもかまいません。ただし、秒単位で計れるものにかぎります。

用意はできましたか。

それでは、秒針が12を指したところでテスト開始。

目を閉じて、しばらくじっと座っていてください。数は数えなくてもけっこうですが、しばらく待って「そろそろ1分経ったかな?」と思ったら、目を開けて経過した時間を確認してみます。

いかがでしたか。

もし56秒とか、48秒しか経っていないのに目を開けてしまったのなら、それだけ気が急《せ》いている証拠。

どうして気持ちが焦っているのか、その原因はわかりませんが、とにかく気持ちが急いてしかたがない、という状態であることは間違いありません。

こんなときには、できるだけペースダウンして、心のゆとりを取り戻すようにしましょう。スマホを見ないようにする、深呼吸する、休憩してストレッチするなどして、ちょっと気持ちを落ち着けてください。

自動車だって、アクセルを踏みっぱなしではガソリン切れを起こしてストップしてしまいます。人間も、ずっとペースアップしていたら、そのうちに心が悲鳴を上げるに決まっているのです。

この1分間テストは、ステファン・レクトシャッフェンの『タイムシフティング――無限の時間を創り出す』（NHK出版）に紹介されていたものですが、誰でも簡単に、すぐにできますから、とてもおススメです。

私も、大学の講義でたまにやったりします。

「スピードアップ」と「ペースダウン」のバランス

レクトシャッフェンによると、いつでも気を張り詰めている管理職のビジネスマンを対象に1分間テストをやってもらうと、みな、なんと15秒も待たずに目を開けてしまうそうです。たったの15秒！　ある人などは、わずか6秒で目を開けたそうです。それだけ気が急いているということでしょう。

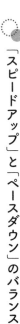

気持ちが急いているとき、私たちは時間の流れを速く感じます。ゆったりした気持ちのときには、時間の流れをゆっくりと感じるものです。

1分間テストを自分でもやってみるとわかるのですが、現代人は、たいていは1分間も待ちきれずに目を開けてしまいます。わざとゆっくりと目を開けようとしても、それでも1分5秒とか、それくらいしか我慢できません。

1分間テストをやってみて、「ああ、自分はこんなにせかせかしているのか」と気づくのはよいことです。生活のテンポが、無意識のうちにスピードアップしていると認識しておけば、ペースダウンしようという意識も生まれるでしょうから。

車も人も「アクセルの踏みすぎ」はガス欠を起こします

19

「ながら食べ」はやめる

ビジネスマンの方であれば、「パワーランチ」という言葉を聞いたことがあるかもしれません。ランチを食べながら打ち合わせをしたり、商談をしたりすることを、パワーランチと呼ぶのだそうです。

人間は、食事を共にしていると、お互いに心を許し合えるので、それだけ親密感が高まる、ということはたしかに期待できます。打ち合わせも和やかな雰囲気になるでしょう。それによって契約が決まったりすれば、言うことなしのようにも思えます。

けれども、ちょっと立ち止まって考えてみてください。

「食事のときにまで仕事をする」というのは、いかがなものでしょうか。

もちろん、たまにならいいかもしれませんが、週に何度もパワーランチでは気が休まりません。

また「パワーランチ」といかないまでも、ランチのときに書類を見たり、おにぎりを片手にパソコンに向かったりするのも、やはり気が休まりません。

日々、仕事や家事などに追いたてられるように過ごしている忙しい人ほど、せめてランチの時間くらい、ゆったりした気持ちで食事を楽しみませんか。

ランチのときはスマホを見ない

最近、カウンセリング分野などでは**「マインドフルネス」**という言葉がよく使われるようになりました。マインドフルネスをセラピーに活用しようという動きも盛んですし、マインドフルネス・トレーニングなども開発されています。

マインドフルネスという言葉は、日本語に訳しにくいのですが、**「意識性」**ということです。自分の身体や感情にもっと意識を向けようという意味になります。

せかせかと食事を口に運んでしまったり、スマホを見ながら食べたり、という状態は、マインドフルネスとは逆の状態になります。

食べ物の香りや歯ごたえ、味をゆっくりと楽しみ、食事をしているときの自分の感情の流れにまで、ひとつひとつ「気づく」ことがマインドフルネスです。

アメリカのロチェスター大学のカーク・ブラウンによれば、普段から自分に対して意識を向けるトレーニングをしていると、心には幸福感が満ち溢れてくるそうです。

マインドフルネス・トレーニングなどというと、何やら難しいことをやらされるのかと思いますが、そうではありません。普段の日常生活の中で、いくらでも自分でできるトレーニングです。

たとえば、街を歩くときに、ひたすら早足で目的地まで一直線に歩いていたのでは、喜びを感じることはできません。それではロボットになってしまいます。

外を歩くときには、そよ風が自分の髪を揺らしていることに注意を向けたり、街路樹の葉がツヤツヤと輝いているのを目にしたり、雨上がりの空気の香りをしっかりと鼻孔で感じたりしながら歩くようにするとよいでしょう。

そういう**ひとつひとつのことに、きちんと注意を向ける**ようにすると、自分の身体や感情についても、しっかりと理解できるようになります。

「自分が、疲れているのかどうか、気が休まっているのかどうかも、よくわからない」という状態が一番危険です。

普段からマインドフルネス（意識性や注意）を高めるためにも、ランチのときくらい、食事をゆっくりと楽しむようにしてください。

街路樹の葉、雨上がりの空気——そんなことに注意を向けてみる

20

「気持ちをリセットする時間」を確保する

家庭という場所は、誰にとっても気が休まる場所。気を休めてよい場所なのです。にもかかわらず、帰宅してからも神経が休まらずに興奮してたかぶっている人は少なくありません。

自宅に帰るときには、仕事モードを引きずったまま玄関の扉を開けて中に入ってはいけません。

2、3分くらいでかまわないので、必ず、気持ちを**「リセットする時間」**を設けましょう。

そうしないと、昼間のイヤな気持ちや、翌日に持ち越した仕事のことなどが頭から離れなくなってしまいますからね。

ある人のお話です。帰宅直後にしょっちゅう奥さんと口喧嘩《げんか》をしてしまうことに気づいたので、いきなり扉を開けるのではなく、まず自家用車の中で少しだけ目を閉じてリラックスする時間を設けるようにしたそうです。

自分の「心のテンポ」が十分にスローダウンしたなと感じてから、「ただいま」と帰宅するようにしたわけですね。

すると落ち着いた声で話すことができ、奥さんと口論することもなくなったそうです。このような「ちょっとしたリラックス・タイム」は、ものすごく効果的なのです。

「感情のささくれ」を放置しない

アメリカのフロリダ大学のジーン・ドナルドソンは、乱暴な子どもを**「タイムアウト」**というテクニックで簡単になだめる方法について心理実験を行ないました。

モノを投げたり、クラスの子に乱暴しようとしている子どもがいたら、何も言わずに、教室の隅《すみ》にあるカーペットの上に連れていき、一定時間そこに座らせたのです。

すると、ほんのわずかな時間でも、そういう時間があるだけで、暴れん坊の子どもでも心が落ち着くのだそうです。これを**「タイムアウト」**と呼びます。

自宅に帰る前に、ほんの少しだけリラックス・タイムをつくるのも、いってみれば、気持ちを落ち着けるためのタイムアウト。こういう時間を設けることが、家庭円満のコツだといえるでしょう。

自宅に「ただいま」と帰ったら、家族とやりとりなどせず、お風呂に直行してしまうのもいいですね。シャワーを浴びているうちに、気分が落ち着いてきますから。しばらく熱いシャワーを浴びることで、自分の心をリセットできます。家族と団らんするのは、その後でも十分に間に合います。

気持ちがささくれているときに会話をしようとすると、どうしても不機嫌な声や表情になってしまって、相手に対して思いやりを持つことができません。

「疲れてるの！」などと冷たく突き放すような言葉も出てしまいます。

そして、冷たい態度をとってしまったことを後になってから反省し、落ち込んだりするのです。


家庭には、昼間の仕事のことなどを持ち込んではいけません。

きちんとリセットしてから、玄関の扉を開けましょう。

家の中に、昼間の仕事のあれこれを持ち込まない

21 「辛辣な自分」に気づいたら

疲れているときには、なるべく人と接点を持たないようにするのがコツです。

なぜかというと、人間というのは、心身のスタミナがなくなってくると相手に対する思いやりをなくしてしまうから。

元気なときは、相手を思いやった言葉をかけてあげられるのに、疲れているときには、誰しもつい余計なことを言ったり、トゲのある言葉を使ってしまったりしがちになります。

心ならずも相手を傷つけてしまい、関係がギスギスして、「心の疲れ」をいっそう助長する種をつくってしまうことにもなりかねません。

心のトゲトゲが抜けるまで一拍待つ

ポーランド科学アカデミーのカタジーナ・カンタレロは、153名の大学生を集めて、生理学の専門的な論文を読んでもらう、という実験をしました。ただし、半分の学生は、論文中の単語の「e」を横線を引いて消していくことが求められました。「e」が出てきたら、自動的に線を引けばいいので、そんなに難しいことでもありません。

残りの半分の学生にも、やはり同じように「e」に横線を引いてもらいました。ただし、「他の母音と隣り合っているときには消してはいけない」というルールも追加されていて、余計に疲れる作業になっていました。

この作業が終わったところで、カンタレロは小さな子どもが描いた絵を見せて、どんなコメントをするのかを調べてみました。

すると、あまり難しくない作業をさせられたグループでは、子どもを喜ばせるために、「いい絵だね」とか「カワイイね」というコメントをたくさん言ってあげることがわかりました。

ところが、疲れる作業をさせられたグループでは、「ありきたりな構図で面白くないよ」とか、「たくさんの色を使いすぎているよ」といった、辛辣《しんらつ》な発言が多く出てくることが明らかになりました。

私たちは、**精神的に疲れていると、ネガティブ発言が増えてしまう**ということがこの実験からおわかりになると思います。

疲れているときは、なるべく一人でゆったりと過ごすほうがいいのです。とはいえ、どうしても人に会わなければならないときもあるでしょう。そんなときは、1分なり、2分なり、何か気分転換をして、気持ちをスッキリさせてから会うようにしましょう。

「心のコンディション」が悪いときは無理しない

22

「気晴らし法」を見つけておく

みなさんには、

「私は、これをしていると夢中になって余計なことを考えない」

「この作業をしていると、頭の中が〝無〟になる」

といった趣味があるでしょうか。日々、気が休まらない忙しい人ほど、心をリセットするために、そうした習慣や趣味を最低でもひとつは持ちたいものですね。

疲れがたまってしまい、ちょっとしたパニック状態になりそうなときなどにも、そうした趣味で「気晴らし」をすればいいのです。趣味に没頭していれば、不安や心配、緊張などを、すっかり吹き飛ばすことができます。

アインシュタインは、バイオリンが大好きでした。大好きなバイオリンを演奏することで、おそらくは、頭の中にあった複雑な思考などを、そっくり吐き出して気分転換をはかっていたのでしょう。腕前はというと、たいしたことはなかったそうですが。

また、イギリスの小説家アガサ・クリスティは、執筆中に疲れてくると、よく皿洗いをしていたといいます。

余計なことを考えていると、お皿を割ってしまう危険もありますから、皿洗いをするときには、皿洗いに集中します。そうすることで、頭の中の余分なものを吐き出していたのではないかと思われます。

「好きなこと」×「集中」＝リフレッシュ

「気晴らし」は、どんなことでもかまいません。

自分が夢中になれて、集中できればいいのですから、基本的に自分が好きなものであれば何でもけっこうです。気晴らしに関しては、「これが正解」というものはありませんから、自由に好きなものを選びましょう。

「私は、ジグソーパズルをやっていると、他のことは考えない」というのであれば、パズルをいくつか買い置きしておいて、それで気晴らしするといいでしょう。自宅に帰ってからはパズルをするようにすれば、モヤモヤした気持ちなども翌日に持ち越すことなく、スッキリするでしょう。

パソコンでゲームをするのが好きなら、そうするのが一番。ガーデニングが趣味であれば、寄せ植えを自分でつくって楽しんでください。アイロンをかけるのがよい気晴らしになるのなら、どんどんアイロンをかけましょう。

何かカッコいいことや、オシャレなことでなくては、と思わなくて大丈夫です。

「こんなことをしている自分って、ちょっとおかしい？」

と思っても、自分が心から好きなことであれば、何でもかまいません。

梱包《こんぽう》に使われるプチプチを潰すのが好きなら、プチプチを大量に買っておいてください。自宅でやるのですから、何をやっても自由です。

誰かとの「おしゃべり」は効果絶大

「自宅でできる気晴らしではなく、日中の勤務時間中にできるような、ちょっとした気晴らしって、何かないでしょうか?」

という人もいるかもしれませんね。

もちろん、あります。

簡単にできるのは、**誰かとの「おしゃべり」**。

アメリカのアイオワ州にあるグリネル大学のジェイソル・ダーワルによると、イライラしたり、モヤモヤした不安を吹き飛ばしたりするのにおススメなのは、「友人とのおしゃべり」だそうです。

おしゃべりであれば、声をかける相手さえいれば、どこでもできますよね。

もちろん、ところかまわず盛り上がってしゃべっていると、周囲の人に「うるさい！」と怒られてしまいます。仕事中であれば、「勤務態度が悪い！」などと思われてしまうでしょう。

気分転換のおしゃべりも、「節度を持って」をお忘れなきように。

アインシュタインもアガサ・クリスティも「気分転換の達人」だった

23
「験担ぎ」はあなどれない

気分がムシャクシャする。どうにも不安や緊張が消えない。

こんなとき、みなさんはどうしますか。気分が変わる、あるいは落ち着いてくるのを、ただ待つだけでしょうか。

こんなときには、とにかく**決まった動作をすると**、気分を一新できます。

アイルランドの一風変わった習慣に、怒りが湧いてきたら、ポケットに入れておいた小石を、もう片方のポケットに移し換える、というものがあります。

こうすると、不思議に気分がラクになるそうです。これはキュステンマッハー夫妻の『世界で一番シンプルな時間術』（ディスカヴァー・トゥエンティワン）

で紹介されていたものですが、心理学的にも効果的なやり方だと思います。

小石をポケットからポケットに移し換えることには、たしかに何の意味もないかもしれません。

けれども、どんなことであれ、**「とりあえず自分は何かをした」ことで、気分を一新できる**のです。

「気分が一新できる儀式」をつくってしまう

単なる迷信であれ、「おまじない」の類《たぐい》であれ、やってみるとそれなりに効果が出てしまうのも、私たちは「とりあえず何かする」と、それによって安心感が得られ、気分が変わるから。

スポーツ選手は、大切な試合の日には、

「必ず右足からシューズを履《は》く」

「朝食にはお肉を食べる」

「ヒゲを剃《そ》らない」

「両手で自分のほっぺたをパンパン叩く」

など、**自分だけの験担《げんかつ》ぎ**をしている人も多いようです。これらは何の意味もないように思うかもしれませんが、実は深い意味があるのです。

それらの迷信行動によって、本人の気持ちが高ぶってきたり、絶好調になれたりするのですから、ものすごく有益なのです。

オランダのエラスムス大学のマイケラ・シッパーズは、サッカーやバレーボール、アイスホッケーなどのプロのトップ選手ばかり197名に協力してもらって、普段からどの程度、迷信行動（偶然生じた行動が強化されて、行動の頻度が増していくこと）をとっているのか、わかりやすくいうと「縁起を担いでいるのか」を調べてみました。

調べてみると、なんとプロのトップ選手のうち80・3％が、大切な試合前などには、何らかの迷信行動をとっていたのです。しかも、彼らはそれらが「とても役に立つ」と考えていました。

私たちも、彼らにならって自分なりの「ジンクス」を持つといいでしょう。

周囲の人に見られたら、「なんだか、おかしなことをやっているなあ」と笑われてしまうかもしれませんが、そんなことを気にしてはいけません。

ある決まったことをするだけで、気分が一新できたり、気分が晴れやかになったり、上向きになったりするのであれば、こんなにいいことはありません。

私の場合、洗面台で顔をじゃぶじゃぶと洗っていると気分がサッパリしてきて、「さあ、やるぞ」という気持ちになります。

どんなことでもいいので、自分なりの気分転換の行動をひとつ決めておくと、気がラクになりますよ。

ジンクスの意外な効き目を大いに活用する

24

「理想を追いかける」より「最低ライン」を意識する

たとえば、なんとなく気分が重だるくてやる気が出ない。「あー、あれもやっておかないとな……」とは思うものの、取りかかる気が起きない。そんなことがないでしょうか？　こんなとき、「私は何をしたいんだろう？」と自問するのは、あまりよくありません。

なぜなら、心のエネルギーが低下しているときは「何にもしたくないや」という答えが引き出される可能性が高くなってしまうから。

では、どうすればいいのかというと、

「私は、何をしたくないんだろう？」

と問いかければよいのです。

この質問で、なんとか気持ちを立て直して頑張れるようになることが明らかにされています。

「どう自問するか」でやる気に差がつく

アメリカのカンザス大学のレイチェル・マクドナルドは、798名の大学生に、26の環境保護活動のどれかをするように求めるという実験をしました。「シャワーの時間を短縮する」「地元の野菜を買う」といった行動を26個集めて、その中のどれを実行できるのかを判断してもらったのです。

ただし、マクドナルドは、これらの環境保護活動のうち、どれに取り組むかを決めてもらうときに、2つの質問を用意しました。

Aのグループには、次のような尋ね方がなされました。

「あなたが、取り組みたいと思う活動に、マルをつけていってください」

すると、「何をしたいか」で聞かれた人は、平均して12・81の活動にマルをつけました。

26個のうち12個しかつけていなかったわけですから、積極的に取り組みたいのは半数以下、ということです。あまり意欲が湧いてこなかったのですね。


一方、Bのグループには、次のような尋ね方がなされました。

「あなたが、やりたくないと思う活動を選んで、それを消していってください」

「やりたくないものは何か」という尋ね方をされたグループでは、消去されずに残された活動については、「まあ取り組んでみてもよい」ということになるわけですが、最終的に消去されずに残された活動の数は、平均で18・90になりました。

AのグループとBのグループを比較してみれば、大きな差があるとわかるでしょう。

つまり、**自分が「何をやりたいか」と考えるよりも、「何をやりたくないか」**

といった考え方をしたほうが、何かに取り組むときに意欲が湧いてきやすいのです。

「これだけはイヤなこと」を割り出しておく

これから就職を考えている学生にひとつアドバイスします。

それは、「私は、どんな仕事に就きたいんだろう?」と考えないこと。そういう発想をすると、なかなか志望業種も決められませんし、就活に対して積極的な意欲も生まれないのです。

そうではなくて、まず「私は、どんな仕事に就きたくないんだろう」と考えてみてください。あまりに苛酷《かこく》な肉体作業はイヤだなとか、制服を着なくてはいけないのはカンベンしてほしい、転勤はイヤだな……というように。

こう考えると、それらの条件さえクリアすれば、「すべてOK」ということになるわけですから、簡単に選べます。しかも、意欲的にもなれます。

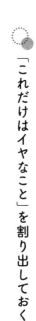

婚活でも同じです。

「私は、どんな異性とおつき合いしたいのか?」という問いかけをしていたら、たぶん、いつまで経っても相手を選べません。「理想の条件」など、いくらでも出てくるに決まっていますからね。

そうではなくて、「どういう異性とおつき合いしたくないのか」と考えてください。そうすれば、「給料が20万円以上あって太っていなければ、とりあえずOK」など基準がはっきりわかりますし、行動にもすぐ移れますよ。

「意欲的に生きる」のは思いのほか簡単なこと

Column

「顔が広い」のも意外と疲れる

いろいろな知り合いがいて、「人脈ネットワーク」の中心にいるような人物について、みなさんはどう思われるでしょうか。いろいろな人からバンバン連絡が入ってきて、みんなで遊ぶときには中心になるような人物です。

たぶん、ほとんどの人は、「羨ましい」と感じるのではないかと思います。

なぜなら、ネットワークの誰とでも接点を持てるからです。

しかし、現実には、彼らの立ち位置は、そんなに羨ましいものでもありません。みんなからバンバン連絡が入ってくるとは、それだけ「気疲れ」しやすいということだからです。

アメリカのフロリダ大学のジェニファー・ホーウェルは、2012年に行なわれた、様々な国籍の大学生が参加したサマースクールで面白い研究をやっています。

このサマースクールには、ヨーロッパ、アメリカ、オーストラリアの65の大学の学生が参加して、いろいろな活動を一緒にやりました。こういう取り組みは、お互いの国を知る上で、とても大切ですね。

サマースクールでは、最初こそ面識はありませんけれども、自然発生的に人脈ネットワークができてくるもので、ホーウェルはそのネットワークについて調べてみたのです。

ホーウェルが、サマースクールが始まる前と、サマースクールが終了してから2カ月後に調査をしたところ、サマースクール中にネットワークの中心にいるような人物ほど、サマースクールが終了してから、病気になっていることがわかったのです。風邪《かぜ》をひいたり、インフルエンザにかかったりと。

ホーウェルは、「ネットワークの中心にいる人物は、たしかに幸せを感じやすいが、同時に、ストレスも人一倍大きいようだ」と結論しています。

ネットワークのメンバー全員から、話しかけられるのですから、たしかにうれしいことはうれしいでしょう。

けれども、大勢の人間と頻繁《ひんぱん》につき合っていたら、やはり心は疲れてしまうのです。心が疲れてきたら、免疫力も低下しやすくなり、風邪をひきやすくなったり、感染症にかかったりしやすくなります。

私たちは、ネットワークの中心にいるような人物のことを、単純に「いいなあ、○○さんは」と羨んだりします。でも、本人は「それなりに疲れている」ことも忘れてはいけません。

決して〝いいとこどり〟をしているわけではないのですよ。

ネットワークの中心でなく、むしろ端《はし》っこのほうにいるのだとしても、それはそれで「気がラク」であり、「いい境遇なのかも」と考えたほうがいいと思います。

4章

「自分が好き」な人は、いつも前向き

——心の疲れを消していく「自己肯定感」とは？

25 「自分のよいところ」を書き出してみる

「自分の地味なところがイヤだ」

「私は、友達に比べて太りすぎている」

こんなふうに、いつも自分の「イヤなところ」ばかり考えていたら、明るく生きていくことはできません。

つまらないことでウジウジ悩まないようにするため、心を疲れさせないためには、まず**ポジティブな自己像を持つ**ことが先決です。

「自分のことを好き」になれれば、たいていのことはあまり気にならなくなります。心配や不安に表情をくもらせることも減らしていけるのです。

スイスのヌーシャテル大学のペトラ・シュミットは、5分間、人前でプレゼンテーションをさせる、という実験を行ないました。

その際、あるグループには「自分の強み」について簡単な文章を書かせてから、もう一方のグループには何もさせずにいきなりプレゼンテーションをさせたのです。

たいていの人にとって、人前でプレゼンをするのはストレスになります。ところが、その前に「自分の強み」について紙に書き出していた人たちは、あまりストレスを感じないことがわかりました。

プレゼンテーションが終わったところで心拍数を測定すると、何もせずにいきなりプレゼンテーションをさせられたグループでは、心拍数が21・29回も上がりました。正常な心拍数は、だいたい1分間に60から100回くらいですから、21・29回の増加は、かなりの増加だといえます。

ところが、事前に「自分の強み」を紙に書き出していたグループでは、13・35回の上昇ですみました。やはりストレスは感じていたのか心拍数は上昇したもののの、いきなりプレゼンした人たちと比べれば、上昇幅はそれほどではないことがわかります。

「ポジティブな自己像」と「心の強さ」の関係

自分のよいところや、自分の強みを紙に書き出してみると、それが自分の心を強化してくれて、ストレス予防になります。

できるだけ最近の事例で、しかも自分が体験したことで自分が好きになれそうな出来事を紙に書き出してみましょう。

「私は、電車でお年寄りに席を譲ってあげた」
「後輩の残業を手伝ってあげた」
「上司がデータの入力で困っていたので、ソフトの使い方を教えてあげた」

そういうことをどんどん書き出してみると、**「私って、意外にいい人」という自己像**を持つことができます。

そして、そういうポジティブな自己イメージを持つようにすると、ちょっとしたストレスなどは、簡単に弾《はじ》き飛ばせるようになるのです。

自分に対してネガティブな考えを持っていたら、あらゆるストレス耐性が弱まってしまいます。心配しなくていいことまで心配しすぎている人は、たいていネガティブな自己像を持っている人です。

ほかならぬ自分自身のことなのですから、もっと愛してあげてもいいのではないでしょうか。

「私って意外といいじゃん！」と思えた人から幸せになる

26

「スマホの待ち受け画面」はこれで決まり

どんな人にでも、人生の中で一度くらいは「晴れがましい思い」をした瞬間があることでしょう。さすがに、生まれてから一度もそういう経験がない、という人はいないと思います。

そして、そんな晴れ晴れとした気分でいたときの写真や画像が残っていたら、それをスマホに入れておき、ヒマなときに眺めるようにしてください。

基本的に、**「自分はこのとき、たしかに輝いていた」**と思えればいいので、小学校のかけっこで1等賞をとったときの古い写真、大学の合格発表のときの写真、成人式で初めて晴着をまとったときの写真など、何でもかまいません。

どうしても見つからないのであれば、「若い頃の写真」を使いましょう。できれば、楽しそうな雰囲気のものがいいので、飲み会のときにみんなで撮った写真のようなものを選びます。

そして、その画像を、自分のやる気が出ないとき、気分が落ち込みそうになっているときなどに見るようにするのです。

すると、「気をとり直して、頑張ってみるか」と意欲が湧いてくるはずです。

「過去の栄光を見る」だけでも意欲アップ

スポーツ選手では、試合に勝った直後には、積極性や意欲などを高めてくれるホルモンであるテストステロンの濃度が高まることが知られています。勝利したばかりの選手は、うれしくてテストステロン濃度が高まるのです。

カナダのブロック大学のジャスティン・カーレは、

「テストステロンは実際の試合直後でなくとも、たとえば、以前の試合で勝利したときのビデオを見る際にも高まるのではないか」

という仮説を立てました。

そして、23名のプロのアイスホッケー選手に、自分が出場していて、かつ勝利したときの試合をビデオで見てもらったのです。

その後、彼らのだ液を採取してテストステロン濃度を調べてみると、たしかに濃度の高まりが確認されました。

カーレは、同じ実験を2回くり返しましたが、テストステロンの濃度は、それぞれ42%と44%の上昇が見られたのです。

またカーレは、自分が出場していて、負けたときの試合のビデオも見せてみたのですが、こちらでは、テストステロンの濃度の上昇は確認されませんでした。

自分が勝った試合のほうが効果的だということがわかったわけです。

自分が輝いていたときの画像を眺めるのも、同じような効果が期待できます。

私たちは、「このとき、自分は輝いていたんだ」と思うと、そのときの心理状態と同じような状態に入ることができるのです。

晴れ晴れした気分になりたいのなら、晴れ晴れしたときの写真を見て、そのときの気分を思い出せばいいのです。

気分が落ち込みそうになったら「楽しかったとき」の写真を見る

27 つらい気持ちも「長くは続かない」

私たちの感情は、刻々と変化するもので、同じ感情がそんなに長くつづくものではありません。それなのに、

「こんな失敗をしてしまうなんて、自分はなんてマヌケなんだ」

「この悲しみは、一生続く」

「この口惜《くや》しさは、たぶん、絶対に忘れない」

と勝手に思い込んでしまうことがよくあります。

これを心理学では、**「持続バイアス」**と呼んでいます。

この先もずっとつづいていくだろうと感じてしまう悲しみや口惜しさ、ふがい

なさも、早い人ならおそらく数日で消えていくことがほとんどです。人間の感情とは、そういうものです。

私たちには「忘れる力」がある

たとえば、失恋した直後には、「もう二度と人を好きになんかならない」と思うものですが、たいてい、しばらくすると、また好きな人ができるものです。みなさんにも、きっと経験があることでしょう。

アメリカのヴァージニア大学のティモシー・ウィルソンは、フットボールの熱狂的なファンに、「あなたのひいきのチームが負けたら、どれくらい気分が落ち込むと思いますか?」と聞いてみました。

すると、たいていの人は「長く気分の落ち込みを引きずるだろう」と答えました。

ところが、実際に、試合が終わってから毎日、自分の感情の記録をとってもらったところ、たいていの人は**「3日後には、ほぼ元どおり」**ということがわかりました。

ひいきのチームが負ければ、ものすごくガッカリしますが、そういう感情もほぼ3日で薄れるのです。人間というのは、ネガティブな感情をそんなに長くは抱きつづけられないようですね。

「イヤな気持ち」を持続させるには苦行が必要!?

「臥薪嘗胆《がしんしょうたん》」という言葉をご存じでしょうか。

自分の口惜しさを忘れないように、復讐《ふくしゅう》する心が弱くならないように、薪《たきぎ》の上に寝ることで自分に痛みを与えたり、あるいは、ものすごく苦い動物の肝《きも》を嘗《な》めたりすることをいいます。

なぜ、そんな「苦行」をするかといえば、「人間は口惜しさを忘れてしまう」から。

実は、人間はネガティブな感情をそんなに長く持ちつづけてはいられない、ということを、「臥薪嘗胆」という言葉は教えてくれているのです。

もし何かイヤなことがあっても、そんなに気にしないこと。どんな感情も、小川の流れのようにサラサラと流れていきます。

どうせ数日も経てば、イヤな気持ちもなくなるから心配はいらないのです。

あらゆる感情をサラサラ流していこう

28

「そういうふうには、なりたくないだろ！」と考える

自分が失敗する姿のイメージはいくらでも浮かんでくるのに（頭から消したくともできないのに）、ポジティブなことは一切頭に浮かんでこないという人がいます。

これは、つらいことだと思います。

けれども、ネガティブなことを考えてしまうのは、決して悪いことではないのですよ。ネガティブな思考を、ほんの少しうまく利用するだけで、有益なエネルギーの源に変えることができるのですから。

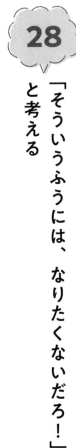

不安や恐怖に苛《さいな》まれている人がいるとします。

たとえば、大学受験に失敗することばかり考えてしまう人のことを考えてみましょう。

本当は、楽しいキャンパスライフを送っている自分の姿でも想像して、ニヤニヤしながら勉強したほうがよいのかもしれませんが、その方法でうまくいかないのなら、不安や緊張を「自分を追い込む」ことに使うのです。

「このままじゃ、俺の一生は台なしになってしまうぞ。本当にそれでいいのか？　イヤなら、泣きごとなど言ってないで、勉強するしかないんだ！」

そんな感じで不安のエネルギーを、モチベーションを高めるのに活用してしまうのです。

頭の中に、冴えない自分の姿などネガティブなイメージを浮かべ、**「そういうふうには、なりたくないだろ！」と考える**のです。

ネガティブ・イメージによって、あえて不安を高め、それを行動のエネルギーに変えるのです。

「ネガティブ思考」も使いよう

もともと貧しい家庭に育った人が、お金持ちになるというサクセスストーリーがあります。もともと貧しい家庭で育った人は、「貧しい状態」がどんなものなのか、具体的で、鮮明なイメージを頭に思い浮かべることができます。

何しろ、身をもって経験しているのですからね。

そのイメージを頭に浮かべて、「こういう生活をずっとつづけたくなかったら、人の2倍も3倍も働くしかないんだ!」というふうにモチベーションに転換しているのです。だから努力をいとわないのです。

ネガティブなイメージは、使いようです。

ネガティブ思考自体が悪いのではありません。上手に使えばいいのです。

ニューヨークにあるサウス・ナッソー・コミュニティーズ病院のブルース・レ

ヴィンは、9歳のときから26歳になるまでずっと自分で自分の髪の毛を触って抜いてしまう「抜毛症」で悩んでいる男性に対して、「頭皮から血がにじんで、そこから膿《うみ》が出てくる」という嫌悪的なイメージをさせることで、抜毛症の治療を行なっています。

治療を行なう前には、1週間にだいたい42回も自分の髪の毛を抜いていたのですが、嫌悪的なイメージを考えさせると、2週間後には42回から9回にまで激減し、その後の6週間でほぼゼロになり、3カ月後にも半年後にも改善したままだったといいます。

嫌悪的で、ネガティブなイメージは、こんなふうに使いたいものです。

不安や緊張も上手に味方につければいい

29 「気分が悪くなること」には近づかない

今はさまざまな情報が瞬時に手に入る時代ですが、「気分が悪くなることが明白なもの」からは、なるべく身を遠ざけましょう。

そうした情報をあえて知る必要はありません。

無視しておけばいいのです。知らなければ、気になることもありません。

「ネットで自分の悪口が書かれているのでは……？」と思うのであれば、ネットで自分の名前など検索しなければいいのです。他人が書いた自分の悪口などを読んでしまったら、気にしないほうが難しいでしょう。ですから、最初からそういうものには近づかないと決めるのです。

たいていの大学では、講義の最終週が近くなると、学生からの授業評価というものがなされます。学生たちが、履修した科目の先生についての評価をするのです。いってみれば、先生に対する学生側からの通信簿ですね。

学生の指導に熱心な先生は、できるだけ学生に知識や教養をつけてもらいたいために、たくさんの課題やレポートを課します。それが将来、彼らの役に立つと信じているからです。

ところが、「親の心子知らず」といいますか、学生に対して熱心に指導をする先生ほど、学生からはとてもひどい評価がなされます。学生は、「とにかくラクをしたい」というのがホンネだからです。

自分から傷つきに行かなくていい

特に、自由記述で講義の感想を求めると、学生はさんざんに先生のことをこき下ろします。匿名式ですから、ネットの世界と同じように、言いたい放題なわけです。そのため、熱心な先生などは、精神的にまいってしまうこともあります。

フランスにあるフランシュ・コンテ大学のレンゾ・ビアンチは、5575名の学校の先生にコンタクトをとって調査をしました。すると**「生徒からの批判に敏感」な先生ほど、燃え尽きてしまう**ことがわかったのです。

「どうせ気分が悪いことばかりなんだろうな」というものには、近づかないのが基本的な戦略です。

私の場合、学生からの授業評価は、基本的に見ません。パソコンで授業評価の結果を確認しなければならないのですが、ものすごい速さで画面をスクロールさせて、絶対に見ないようにしています。どうせ悪いことしか書かれていないので(笑)。

本当なら、確認もしたくないのですが、学生からの意見を踏まえて、先生からもコメントを最後に出さなければならないので、しかたなく「一瞥《いちべつ》だけしている」という感じです。もちろん私から出すコメントは、「改善点の指摘についてのお礼」（?）で、毎年同じです。

「落ち込む」ことが明白なものには、自分から近づいてはいけません。「君子危うきに近寄らず」とも言うではありませんか。

基本的に近づかないか、どうしても近づかなければならないときでも、できるだけ心理的に遠ざかるようにするといいでしょう。

「言いたい放題」のネット情報からは距離をおく

30 悶々としているより「お願い」してみる

悶々としていても、うつうつとしていても、現状は変わりません。

現状が変わってほしいと思うのなら、**現状を変えるためのアクションを起こしてみること**です。アクションを起こすからこそ、現状は変わるのです。

「給料が少ないな。自分の仕事に見合ってないよな」

そう考えて、悶々としながら働いている人がいるとしましょう。

不満があるのなら、上司や経営者に昇給してほしいとお願いしてみるという選択肢もあるでしょう。

歯が痛いのなら、歯医者にかかりますよね。歯が痛いのに、我慢だけで乗り切ろうとする人がいたら、「さっさと歯医者に行けばいいのに」と思いませんか。昇給の交渉をしない人も同じなのでは、と私は思います。

「会社と給与交渉したことがありますか？」

給料を上げてほしいとお願いすること自体は、まったくおかしなことではありません。もちろん、会社にも事情があるでしょうから、必ずしも成功するとはかぎりませんが、現状を変えたければ、とにかくやってみることです。

アメリカのヴァージニア州にあるジョージ・メイソン大学のミッシェル・マークスは、さまざまな業種から、「今の会社に雇われてから3年以内しか経っていない人たち」１４９名に集まってもらいました。

マークスが彼らに、「会社と給与交渉したことがありますか？」と尋ねたところ、「交渉したことがある」と答えたのが１１０人で、「したことがない」と答えたのは39人でした。

次に、「実際に給料は上がりましたか?」と尋ねたところ、上がったのは、交渉した人だけであることがわかりました。昇給した額の平均は、年収で491 3ドル。この額が大きいのか、小さいのか、人によって感じ方は違うでしょうが、ともかく昇給をお願いしてみたら、給料は上がったのです。

交渉をしなかった人では、昇給させてもらえた人はゼロでした。お願いしなければ、現状は何も変わらないままであることが多いのですね。

心の中で悶々としていることがあったら、お願いするか、交渉すること。声に出すからこそ、相手にもこちらの要望に気づいてもらえるのです。

「不満」を伝えるときほど穏やかな声で

たとえば、夫が、靴下やズボンをリビングに脱《ぬ》ぎ散らかしていくのがイヤなら、「リビングで脱いでもいいけど、それを脱ぎ散らかさないで洗濯機の中に放り込んでほしいな」とお願いしてみてください。

夫は、奥さんに嫌がらせをしようとしてわざとそうした行動をとっているわけではなく、「帰宅したらすぐに身体を締めつけているものから解放されたい」と思っているだけかもしれません。もしそうなら、お願いすれば次からは洗濯機まで自分で持って行ってくれるでしょう。

ところが、お願いもせず悶々としているだけでは、夫の脱ぎ散らかし行動は改まらないでしょう。「何も言わない」のは、「不満がない」ことだと相手には解釈されてしまうからです。

不満なことがあれば、相手に言ってもいいのです。そしてそのときは、できるだけ穏やかに、落ち着いた声でお願いしてみてください。たいていのお願いなら、応じてもらえると思いますよ。

「何も言わない」から「不満もない」と解釈される

31 「頼られること」を喜ぶ

「○○さん、頼むよ。○○さんしか、いないんだよ」

「悪いけど、これ、お願いできないかな？　あなたじゃないとダメなんだ」

人に頼られるのは、面倒くさいと思う人もいるかもしれません。

しかし、**人に頼られたときには、どんどん恩を売っておくこと**。それが正解です。

「なんだよ、私にばっかりお願いして」とふくれっ面をするのはいただけません。

広い心を持って、喜んで助けてあげるのです。

困っている人を助けてあげれば、当然、その人に信頼されるようになります。

そして、**「人に頼られる」のは、ものすごく気持ちのいいこと**なのです。自分にとって、ものすごく益があるわけですから、頼られないよりは、頼られる人間を目指したほうがいいのです。そうすれば、日常生活が、より楽しく、満足のいくものになります。

「収入が30%増加する」のと同じくらいの満足度

カナダのブリティッシュ・コロンビア大学のジョン・ヘリウェルは、アメリカとカナダで調査を行なって、本人が感じる**精神的な幸せは、お金ではなく、職場の人間関係で決まる**ことを明らかにしています。

職場の人間関係さえうまくいっていれば、ものすごくハッピーな気分で毎日を過ごせるのです。そして、**人に頼られるのは、人間関係をよくするためのチャンス**なのです。

せっかくのチャンスをみすみす棒に振ってはいけません。頼られたときには、気持ちよく応じてください。

ヘリウェルによると、上司や同僚たちから頼られるかどうかというのは、とても大きな問題です。職場の他の人たちからの信頼感が、10点満点の尺度で1点上がることは（たとえば5点の人が6点になることは）、**収入が30％も増加するのと同じくらい、本人の満足度を高める**そうです。

「○○さん、ありがとう！　いつも頼りにしてるからね」と言われることは、収入が30％増加するのと同じくらい、うれしいことなのです。自分がハッピーになる上で、ものすごく大きなことだと思いませんか。

「情けは人のためならず」を実践

「どうせアイツに頼んだって、引き受けてくれないよ」
「彼女は、自分のことしか気にかけてないんだ」
「あの人は、他の人が困ってても見て見ぬふりするヤツだよ」

そんなふうに思われていたら、信頼感は高まりません。それでは当然、気持ちよく仕事をすることなんて、できないわけです。

人に頼られたときには、「面倒だなあ……」などとは思わないこと。

困っている人を助けて、恩を売っておけば、そのうち、自分が困ったときにも助けてもらえるでしょうから、将来的な保険だと思って、喜んで助けてあげてください。

頼まれごとは「将来への保険」と思って引き受ける

32 ちょっとくらい「ナルシスト」でもかまわない

精神的に健康な人は、みな、どこかナルシストの部分を持っているものです。

ですから、程度にもよるのでしょうが、

「私って、いい感じ！」

と、どんどん「自分を好き」になってかまいません。

そう言うと、「でも、ナルシストって、嫌われたりしませんか？」と心配になる人がいると思います。

けれども、それはまったくの誤解ですから、安心してください。

少しくらいナルシストになっても、周りから嫌われたりはしません。むしろ、好かれることのほうが多いのです。

アメリカのカリフォルニア州立大学のシェリー・タイラーは、21のポジティブな特性（学力など）と、21のネガティブな特性（見栄っ張りなど）について、被験者の大学生に7点満点で自己評価してもらいました。

1点なら、同性の他の大学生に比べてはるかに平均点以下、7点ならはるかに平均点以上、という形です。

その一方で、タイラーは、被験者の友人にもインタビューを行なって、被験者についての評価を求めました。

その結果、たくさんの特性について、「私は、平均点以上だと思う」と答えた人たち、すなわち、**ナルシストの人のほうが、友人たちにも好かれていることがわかった**のです。

しかも、ナルシストの人たちは精神的にはとても適応度が高く、健康でいられることもわかりました。

「ナルシストは嫌われる」というのは、間違いでした。

事実は、逆だったのです。

「私は、自分のこんなところが好き」と思っておく

「私は、自分のこんなところが好き」と思っているからといって、友人に嫌われることはありません。精神的に健康な人が嫌われるわけがないのです。

「私は、本当にロクでもない人間で……」と考えるような自己評価の低い人のほうが、性格が歪《ゆが》んでいることが多く、友人にも嫌われやすいのです。


あなたも、誰に遠慮することもなく、もっと自分を好きになってください。

自分の「いいところ」を、たくさん見つけましょう。

どうしても大きな自信が持てないのなら、せめて「自分は平均点以上だ」と考えるクセをつけてください。

「私は、とびきりの美人ではないけれども、愛くるしい顔だちをしているし、得点をつけたら十分に平均点以上ね」

と考えるようにするのです。

つまりは、**多少謙遜《けんそん》したナルシスト**を目指してくださいということ。それくらいなら、目指せるのではないでしょうか。

普段から自分の「いいところ」をたくさんコレクションしておく

Column

「粘土遊び」で心をリフレッシュ

軟らかな土をこねくりまわしていると、不思議なことに心がふわっとほどけていくような感覚になります。

週末には、童心に返って粘土遊びをするのもいいでしょう。小さなお子さんがいるのなら、一緒になって遊んでください。

自宅で簡単にできる陶器セットのようなものは、いくらでも市販されています。そういうセットを買ってきて、自分で土をこねながら、お皿や器などをつくってみるのもいいかもしれません。

イギリスのプリマス大学のジャッキー・アンドレイドによると、粘土遊びは、心を落ち着けるのにとても役に立つものらしく、トラウマを抱えた人にも粘土遊びをさせると治療効果が見られたと述べています。

一心不乱に土をこねまわしていると、頭の中が空っぽになってきて、余計なことはまったく考えなくなるものです。本当に時間を忘れるほど、集中もできます。ものすごく気持ちのいい爽快感が得られることを保証しましょう。

ずいぶん昔の話ですが、心を病んで精神病院などの施設に入れられた患者さんには、満足な治療がなされませんでした。当時は、どうやって彼らを治療してよいのか、わからなかったためです。

ところが、施設に入ってもらっていても、彼らには何もやることがありません。そこで「どうせなら、自分で食べる分くらいの野菜は、自分たちでつくってもらおう」ということになり、患者さんたちに農作業などをさせるようにしたのです。

すると驚くことが起きました。彼らは心が落ち着いて、暴れたり、大声を出して叫んだりしなくなってきたのです。**どうも土を耕したり、土をこねまわしたりしていると、心が落ち着く**ようだということが次第にわかってきました。

こうして**「作業療法」**という治療法が確立されていったのです。

粘土遊びが有効なのも、おそらくは作業療法と同じような効果をもたらすからでしょう。

もっといえば、粘土遊びではなくて、ガーデニングでも同じような効果が期待できます。培養土《ばいようど》や腐葉土《ふようど》などを買ってきて、それを自分で混ぜてプランターに入れる土をつくったりしていると、やはり心はリラックスしてくるでしょう。

「週末は、特に何をするでもなく、ただぼんやりと寝そべっているだけ」というのでは、なかなか心はリフレッシュできません。積極的に何かをするという形で、リフレッシュしたほうが、絶対に心はスッキリするものです。

粘土は壊れることも、なくなることもなく、ずっと遊べますから、とてもコストパフォーマンスのいいリフレッシュの道具ですよ。

5章

「ムカッ」「クヨクヨ」を吹き飛ばすコツ

――「知っているだけ」で段違い！

33
「ムシャクシャ」の上手なおさめ方

心理学には、**「カタルシス理論」**という理論があります。

ものすごく大雑把《おおざっぱ》に説明すると、心の中にモヤモヤがたまってきたら、それを発散させる行動をとれば、スッキリするという理論です。

モヤモヤしているのだから、それを外に吐き出せばスッキリするというのは、「なんとなくそうなのかな」と納得できるところもあるのですが、現実にはそんなことにはならないようです。

アメリカのアイオワ州立大学のブラッド・ブッシュマンは、「モノを殴ったりすればスッキリすると言われているが、実際のところはどうなのか」と疑問を持ちました。そして、それを確認するための実験を行なっています。

ブッシュマンは、まず「印象形成の実験」だと偽って、男女300名ずつの600名に集まってもらいました。

それから、面識のない人とペアになり、お互いの印象を言い合ってもらいました。ただし、ペアにさせられる人物は、いつでも実験協力者（サクラ）です。そして、サクラは、実験の参加者にものすごくひどいことばかりを言うのです。サクラには男性も女性もいて、必ず同性同士のペアになるように配慮されました。面識もない人から、さんざんけなされるわけですから、当然、イライラしますよね。実験とはいえ、ひどいことをしたものです。

さて、こういう下準備が整ったところで、ブッシュマンは次にボクシングで使うパンチング・バッグを殴らせました。

その際には、自分がやりとりをしていたサクラの写真を見せられて、彼（彼女）のことを考えながらバッグをぶん殴ることになっていました。

怒りを「ぶつける」のは逆効果？

それから、怒りの度合いや、スッキリしたかどうかを測定してみると、カタルシス理論のようには、怒りが発散されませんでした。

ブッシュマンはもうひとつ、パンチング・バッグを殴らせずに、何もしないで、ただ静かに2分間待機させる、という条件も設けていました。すると、そちらのほうが、はるかに怒りの度合いはおさまっていたのです。

この実験でわかるとおり、**何もしないほうが、怒りはおさまる**のです。

むしろ、怒りを発散させようとして行動を起こすと、さらにムカムカしてきてしまうので、逆効果になるのです。

イライラしているからといって、モノを投げたり、椅子を蹴り飛ばしたり、壁を殴ったりするのは、やめたほうがいいでしょう。余計に腹が立ってくるだけですから。

「チクショウ、まったく気に入らないことばかりだ」と思って壁を殴っても、自分の手を痛めるだけ。しかも手が痛くなって、さらにムカムカするに決まっています。

ただ心を落ち着けて、2分間くらい静かにしていれば、怒りはおさまるのです。怒りを発散させようと暴れても、かえって怒りの火に油を注《そそ》ぐことになりますから、十分に注意しましょう。

2分間、じっと静かにしているとムカムカはスーッと消えていく

34 「クイズ好きな人」は落ち込みにくい？

小さなことで、いつまでもクヨクヨと気に病みやすい人は、**クイズ本などを手元に用意しておく**といいですよ。

「ああ、自分はなんて愚かなんだ」

「本当に私の選択は正しいのだろうか……。心配だ」

「相手から連絡が来ない。私は何か失礼なことでもしたのだろうか……」

そういうクヨクヨした気分がくり返し襲ってくるようなら、クイズにチャレンジしてみればいいのです。

人間は、一度にひとつのことしか考えられません。

クイズをやっていれば、当然、そちらに意識が向き、心配事には意識が向かなくなるのです。

「クイズに答えられないと、今度は逆にイライラしてきそう」というのなら、他のことでもいいでしょう。

数字が好きな人であれば、「ナンプレ」（ナンバープレース）でもいいと思います。ナンプレ本を常備しておけば、いつでも取り組めます。ネットでは、ナンプレの無料問題などもたくさんありますから、そういうものを解いてもいいかもしれませんね。

クロスワードを考えるのが好きなら、クロスワードでもいいと思います。

アメリカのコロンビア大学のエイサン・クロスは、141名の大学生に、「自分にとっての、とても悲しい思い出」のエッセイを書いてもらいました。

エッセイを書かせる目的は、彼らを悲しい気分にさせることでした。

実験に参加した学生たちが、みな悲しい気分になったところで、次にそれを軽減させるための方法の検証が行なわれました。

彼らの意識を他のことに向けるため、「鉛筆の芯《しん》は何からできているでしょう?」とか「スコットランドとイングランド、どちらのほうが北にある?」といったクイズに答えてもらったのです。

それから、悲しみやうつの度合いを測定してみると、クイズをやった後では、明らかに抑うつの度合いが低くなったことが確認されました。

雑念をシャットアウトするいい方法

「悲しいことを考えまい」としても、それは無理というもの。

「考えないようにしよう」とすればするほど、人間というのは、そのことばかりを考えてしまうものですからね。

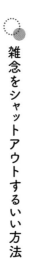

座禅を組んだことのある人ならわかると思うのですが、「心の中を空っぽにしなきゃ」と思うと、かえって雑念ばかりが頭に浮かんできてしまいます。「考えない」ようにするのは、とても難しいのです。

その点、「他のことを考える」のは、そんなに難しいことではありません。クイズのような、「ちょっと頭を使わないと解けない問題」を考えるのは、余計なことを考えないための、うってつけの方法です。

とりあえず他のことに頭を使っていれば、少なくとも問題に取り組んでいる間だけは、余計なことはきれいに頭から消えてくれるでしょう。

「とりあえず他のことを考える」と心配事から距離を置ける

35 「イヤな記憶」は、フタをしたまま放っておく

たとえ小さくとも口内炎ができれば、しばらくはシクシクと痛みます。食事のときには特に痛むので、ひどく不快な気持ちになります。

小さなトゲが指先などに入ってしまったときも同じで、トゲ抜きなどで抜き取っても、やはりしばらくは痛みが残っているような気がします。

けれども、慢性的な疾患をお持ちの方は別として、身体の痛みというのは、そんなに長くはつづきません。痛いのは、「そのときだけ」です。

ところが、「心の痛み」のほうは違います。何年経ったとしても、そのときのつらさはとても鮮明に思い出せたりするのです。

「心の痛み」をわざわざ思い返さない

私も、小さな頃に、大好きだった女の子に「デブ」と言われたことを、40年近く経った今も忘れていません。そのときの恥ずかしさ、情けない気持ちなどもよく覚えています。

アメリカのパデュー大学のチャン・チェンは、過去5年間以内に起きた、身体的な痛み（自転車で転倒して骨折したなど）と、心理的な痛み（挨拶したのに無視されたなど）について調査し、それぞれの痛みについて、その痛さの度合いに点数をつけてもらいました。

身体的な痛みと心理的な痛みを、一概に比較することはできませんが、「痛みの強さ」については、**心理的な痛みのほうが圧倒的に大きい**ことがわかりました。

なぜかというと、身体的な痛みは、痛みがとれてしまうとそのうちに忘れてしまうので、痛みの強さを思い出してもらっても、そんなに強烈ではないのです。

そのため、低い点数しかつきませんでした。

ところが、心理的な痛みについては、思い出してもらうと、そのときの痛みの強さも鮮明に思い出せてしまうのです。そのため、5年が経っていても、やはり当時と同じくらい痛いのです。

心理的な痛みについては、もう「臭いものにはフタをする」しかありません。つまりは、**「思い出さないようにする」のが最善**のやり方。

もし頭に浮かびそうになったら、すぐに別のことを考えるようにしたほうがいいでしょう。いったん思い出してしまうと、当時の痛みがそのままに思い出されてしまうでしょうし、ただただ苦痛なだけです。

なるべく思い出さないよう、自分の記憶にフタをして、そのまま何十年も放っておきましょう。

「情けない気持ち」を何度も追体験しなくていい

36 「心の立ち直り」の早い人、遅い人

心の悩みは、他人に話すとスッキリするといわれています。友達に悩みを打ち明けて、気分がラクになるということもあるでしょう。カウンセラーやセラピストに悩みを打ち明けて、心の治療が行なわれることもあるでしょう。

けれども、**悩みを安易に他の人に話したりしないほうがいい**ということも最近の研究ではわかってきました。

先ほど、「イヤなことなんて、ヘンに思い出したりせず、記憶にフタをして放っておいたほうがいいですよ」とアドバイスしましたね。

「友人に悩みを話す」というのは、結局、その悩みを、思い出すということです。

5人の友達がいるとして、個別に自分の悩みを話したとすると、5回も思い出すことになります。そして、そのたびに**イヤな感情を追体験**することになります。

これでは、いつまでも記憶が鮮明になってしまって、忘却できません。

人に悩みを話せばスッキリするように思いますが、何事もなかったかのように、つまりは自分の記憶にしっかりとフタをして、誰にも話さずに放っておいたほうが、かえって心の立ち直りも早い、ということもありそうです。

「悩み」をぶり返しやすくなる意外なアクション

ニューヨーク州立大学のマーク・シーリーは、2001年9月11日、全米を震《しん》撼《かん》させたアメリカ同時多発テロ事件の後に、全米の代表的な国民サンプルをもとに、トラウマについて2年かけて研究を行ないました。

その結果、**自分のトラウマを他人に語ったりしない人のほうが、2年間という時間経過の中で、トラウマの影響を受けなくなっている**ことがわかりました。

「あなたは自分の悩みを他の人に話しますか?」という質問に対して、「話す」と答えた人のほうが、なかなかトラウマから脱却できなかったのです。

人に悩みを話そうとすればするほど、実は、悩みは尾を引きやすくなる傾向があることをシーリーは明らかにしました。

もちろん、本当に心が悲鳴を上げて、人に聞いてもらわなければどうしようもないというのであれば、ためらわずに誰かに相談したほうがいいでしょう。

けれども、その度合いがそんなに大きくないというのであれば、そういうことは記憶にフタをして、誰にも話さないままにしておいたほうがいいことも覚えておくとよいのではないかと思います。

「誰にも話さないまま」にしておいたほうがいいこともある

37 逆境を「ありがたい体験」に変えるヒント

「若いときの苦労は買ってでもせよ」という言葉があります。若いうちには、お金を払ってでも、どんどん苦労をしたほうがいい、という意味です。

これって、考えてみるとおかしな話ですよね。

どうしてわざわざ自分でお金を払ってまで、イヤな体験をしなければならないのでしょうか。なんとも常識に反しているように思われます。

けれども、それは言葉を表面的に受け取っているだけで、本当の意味はちょっと違います。

人間は、逆境におかれてこそ、自分を磨くというか、そこから抜け出すための努力や工夫をするのです。安逸《あんいつ》な状態にいたら、わざわざ自分を磨こうとはしません。何もしなくとも、普通に生活できるのですから。

若いうちには、どんどん逆境に飛び込んでいくことで、自分を磨く。

「若いときの苦労は買ってでもせよ」というのは、そういう意味なのです。若いうちに苦労をして、徹底的に自分を磨いておけば、将来、絶対に自分の役に立つから、というありがたい教えなのです。

「イヤな目」に遭っても成長できる人

同じことは、人間の悩みにもいえます。

イヤな目に遭《あ》うのは、誰だってイヤに決まっているのですが、かりにトラウマになってしまいそうな出来事に巻き込まれたからといって、決して完全にマイナスだけ、ということにはなりません。

心理学には**「ポスト・トラウマティック・グロース」**という用語があります。

「トラウマ経験の後の成長」という意味です。

心に大きな打撃を与えるような経験をしたから人生が台なしになるかというと、そうではないのです。むしろ、トラウマを受けた後に、人は成長できる、ということもあるのです。

アメリカのノースカロライナ大学のリチャード・テデシは、「トラウマ経験の後の成長」について発表されている論文を総合的に分析し直しました。そして、トラウマを感じることはたしかに不幸なことではあったとしても、その後にいろいろと有益な体験につながっていくことも明らかにしています。

テデシによれば、トラウマ経験の後には、たとえば、次のような変化があったそうです。

- 人生の意味を強く感じられるようになった
- ただ生きているだけでも十分に幸せだと感じられるようになった

- 人間関係が大切なものであることを心から信じられるようになった
- 人生の優先順位がわかった（自分が本当にしたいことに気づいた）
- 人生の豊かさを感じられるようになった

心理的に大きな打撃を受けるのは、まことに痛ましいことだとは思います。

けれども、完全にマイナスだけの体験だったのかというと、そんなこともないはずです。その体験を、**新しい自分に生まれ変わるきっかけ**にできるなら、それは「ありがたい体験」に意味づけを変換できるのではないかな、と思います。

そのつらい体験は「人生の豊かさ」に気づくチャンス

38

「世間話」という心が癒される時間

せっかくパーティに出かけたのに、他の人からあまり話しかけてもらえず、つまらない時間を過ごして気分が落ち込むことがあります。

合コンに出かけたのに、他の子ばかりがチヤホヤされて、自分はまったく相手にしてもらえないときも、やはり気分が落ち込みますよね。

こんなときには、とにかく〝誰でもいい〟ので、声をかけて一言、二言、話してみましょう。

通行人にいきなり声をかけるとおかしな人だと思われてしまいますから、駅員さん、コンビニの店員さんなどがおススメです。そういう人になら、声をかけても、ちっともおかしくはありませんからね。

「軽くおしゃべりする」だけで気分サッパリ

「なんだか気分がモヤモヤするな」というときには、買うものなどなくともコンビニに行きましょう。できれば空《す》いているお店のほうがいいです。混んでいるお店よりも、空いているお店のほうが、店員さんもヒマなので快く応じてくれます。

話すことは、もう何でもかまいません。

「夏場のおでんって、なんだかおいしそうですよね」

「コンビニ強盗の事件を少し前にニュースで見ましたけど、深夜のバイトって怖くないですか？」

こういう世間話をちょっとさせてもらうわけです。

人間というのは不思議なもので、「明日って、雨が降るんですかね」と質問されると、それが知らない相手であっても、「さあ、どうなんでしょう。僕はいつでも折りたたみ傘を持っているので大丈夫なんですよ」と応じてくれるものです。完全に無視されることはありませんから、安心して声をかけてください。

すると、不思議なことに、心のモヤモヤがスッキリと晴れていきます。

相手が友達でも何でもないのに、「誰かとちょっとおしゃべりできた」ということで、人間は満足してしまうのですね。

アメリカのカリフォルニア州立大学のエリシェバ・グロスは、グループ作業をさせるときにわざと実験参加者をのけ者にして（他のメンバーは全員サクラでした）、たっぷりと意気消沈させてから、12分間、コンピュータを通じて知らない人とおしゃべりをさせるという実験をしました。

最初、グループ作業でのけ者にされた人たちは、当然のように怒りを感じたり、自尊心が低下したりしましたが、その後で知らない人とおしゃべりをすると、感情はきれいに元どおりになることがわかりました。

私たちは、相手が知らない人であろうが、誰であろうが、**ちょっとでもお話を**

すると、どうも気分がサッパリするようなのです。

たまたま電車で隣り合わせに座った人でも、道ですれ違った人でも、居酒屋でたまたま隣に座った人でも、ちょっと声をかけて軽くおしゃべりするだけで、気分はスッキリと、晴れやかになるはずです。

「感情をきれいにする」のは意外と難しくない

Column

8秒間だけ注意をそらす

激しい欲求が心に生じても、注意をそらせば、その欲求はずいぶんと弱めることができます。ほんのわずかな時間でもいいので、とにかく注意を他のことにそらすのがポイントです。

ある研究によると、注意をそらすのは8秒でもいい、とのこと。「ずいぶん短い時間でいいんだな」と思われるかもしれませんが、8秒だけ注意をそらすことができれば、欲求のたかぶりが完全にはなくならないまでも、自分でコントロールできるくらいには弱められるのです。

たとえば、物騒《ぶっそう》なお話で恐縮ですが、むしょうにイライラして誰かを殴りたくなってしまったとします。

こんなときには、すぐに他のことに注意を向ければいいのです。腕時計の秒針が動いているのを8秒間だけ見つめるとか、信号がいつ青に変わるのかを知らせる標識に目を向けるとか、バーテンダーの振っているシェイカーの動きに注目してみるとか。とにかく何でもかまわないので8秒くらいそれをじっと凝視していれば、イライラ感などもずいぶん減少するはずです。

オーストラリアのフリンダース大学のエヴァ・ケンプスは、ダイエットを希望する女性に、まず2週間ほど、何か食べたくなるたびに記録をとってもらいました。どれくらい食べたくなるのか、その頻度と、そのときの欲求の強さを測定してもらったのです。

続く2週間に、ある実験的な試みをしてもらいました。

何をするのかというと、どうしても何か食べたくなってしまったら、あらかじめ手渡されていた小さなハンディタイプの器械を眺める。それだけです。この器械は、ボタンを押すと、チカチカとさまざまな模様が8秒間光るのです。これは注意をそらすための小道具として用意されました。

わずか8秒間でもチカチカと点滅する模様を見ると、食欲は激減しました。なんと、欲求の強さを23％も軽減することができたのです。それは、たとえば、食べたいという気持ちが80％だったとすると60％に減ったということです。

また、食べた量の記録も調べると、最初の2週間に比べて全体として39％も減らすことができました。注意をそらす小道具作戦は、大成功だったのです。

この実験は食欲に関するものですが、もちろん、他の欲求についても有効だと思います。禁煙中にタバコが吸いたくなったときも8秒間だけ注意をそらしてみてください。退屈な人の前から今すぐに退散したくなっても、8秒間だけ注意をそらしてみましょう。そうすると、心の中でたかぶってきた欲求は、ずいぶんと弱められるはずです。

「8秒経っても、欲求が弱められないときにはどうするんだ？」と思った人がいるかもしれませんが、そういう人は、さらに8秒間試してください。それでもダメなら、さらに8秒間（笑）。

そのあたりでずいぶんと欲求は弱まると思うのですが、いかがでしょうか。

6章

自分の「感情」をどこに向けている？

——気づいた瞬間、心がゆるまる

39

「面倒だなぁ」のホンネに負けないコツ

身体を動かすと、心はシャンとしてきますし、スッキリもしてきます。ストレス解消、そして強くてしなやかな心を保つためにも、運動を習慣にしたほうがいい――そんなことは百も承知かと思います。でも、なかなか運動を習慣にすることができない人も多いでしょう。

それは「運動しなくては」と思っても「面倒だなあ」というホンネに負けてしまうため。だから、身体を動かすことにはリラックス効果があるとわかっていても、なかなか運動習慣を身につけられないのですね。

私も、面倒くさがりなタイプなので、それはよくわかります。

では、こうしたらどうでしょう。「私は毎日運動しているよ」と人に話すのが恥ずかしくなってしまうくらい、ものすごく〝ゆる～い運動〟をするのです。**ハードルを徹底的に低く**して、「なんだ、そんなことでいいの？」というくらい、ゆるい目標でやるのです。

たとえば私は、ほぼ毎日走っていますが、だいたい2キロ。ジョギングと呼べないくらい短い距離です。時間は10分くらい。それ以上は疲れるので走りません。

2キロでさえ長すぎるという人は1キロでもかまいませんし、700メートルでもいいですよ。とにかく**ゆるい目標で、適当にやる**のがコツです。ちなみに、これは運動にかぎらず、何か習慣にしたいこと、すべてに応用できます。

「ゆるやかな目標」のほうが長続きする

アメリカのサウスカロライナ大学のピーター・キルマンは、麻薬中毒者のための施設に入っている84名の人たちに、**「マラソン・グループ・セラピー」**を実施しました（私は、マラソン・グループ・セラピーという言葉を知りませんでしたが、マラソンをすることで心がしっかりしてくることは、なんとなく想像がつきます）。

その際、キルマンは、2つのグループを設けました。

ひとつは、毎回、何キロ走るのかの目標を明確化し、時間も測定して、スケジュール管理もきっちり行なうグループ。

もうひとつは、スケジュールも目標も決めず、ただ走りたいだけ走る、というゆるやかなグループです。

セラピーが終了したところで、不安感を調べてみると、ゆるやかなトレーニングをしたグループのほうが大幅に減少していることがわかりました。

スケジュールをガチガチに決めてしまうと、なんだか走るのも面倒くさくなってしまいます。**「やらされている感」**も大きくなります。

その点、

「自分で好きなだけ走ればいいよ」

「長く走りたくなければ、いつでも打ち切って自宅に戻っていいですよ」

と言われれば気持ちがラクですよね。純粋に走ることを楽しめます。

身体を動かすときには、「やらねばならない」と思っていたら、やる気も出ません。「ほんのちょっと」で、全然かまわないのです。ハードルはものすごく低くして、「無理のないところ」からスタートしてみてください。


「やらされている感」をなくすと前向きに楽しく取り組める

40

気分が「アガる」曲を持つ

スポーツの世界選手権やオリンピックなどを見ていると、ウォーミングアップをしている選手たちが、たいてい耳にイヤホンをつけて音楽を聴いていることに気づきます。

なぜ彼らが一様に音楽を聴いているのかというと、**自分の大好きな曲を聴けば、一気に自分の気分を高めることができる**からなのです。

やる気が出ないときでも、気分が落ち込んだときでも、「この曲を聴けば、私はすぐに復活する。一瞬で絶好調モードになれる」という曲を、あなたも自分なりに見つけておくとよいと思います。

「音楽という小道具」で元気をチャージ

イギリスのキングストン大学のレイチェル・ハレットは、ジョギングをする前に、自分のモチベーションを上げる曲を聞かせる条件と、音楽を何も聞かせない条件で、6カ月間にわたって運動の記録をとってもらいました。

なお、音楽は、どんなジャンルでもかまわず、自分の好きなものを自分で選んでもらいました。その結果は、次のようになったそうです。

	音楽を聴く	何もしない
週当たりの運動（分）	282・02分	220・31分
週当たりの日数	4・76日	3・57日

（出典：Hallett, R., et al.）

好きな音楽を聴いたほうがやる気が出て、たくさん運動できたことが、このデータからわかりますね。

誰しも、「気分がのらない日」「やる気が出なくて、どうしようもない日」があるでしょう。人間なのですから。しかし、「音楽」という小道具の力を借りれば、前向きに行動していくパワーが出てきます。

プロの選手は、試合のたびにやる気が出たり、出なかったりでは、お話になりません。そのため、コンスタントに最高のパフォーマンスができるよう、「この曲を聴けば、一発で自分は絶好調になる」という習慣づくりをしているのです。

みなさんもぜひ、大好きな曲の力を借りて、「いつでも絶好調モードをつくり出せる自分」になってください。

気分がへこんだときには「大好きなあの曲」をかけてみる

41
「1粒で2度おいしい」思い出とは？

私たちが、**最高の気分を味わう**のはどんなときかというと、**「人とのつながり、絆《きずな》を感じたとき」**です。

仕事で契約がとれたときや、商店街の福引きで海外旅行が当たったときもうれしいとは思います。

でも私たちにとって一番楽しい思い出となるのは、やはり気のおけない友人や家族と旅行した、ごはんを食べにいっておしゃべりした、といったことではないでしょうか。

アメリカのシカゴ大学のフレッド・ブライアントによると、「あなたにとって最高の気分の思い出とは？」と尋ねたところ、誰かとの楽しい思い出を語る人が圧倒的多数でした。50％の人が、「最高の思い出」といえば、人間関係に関係することを挙げていたのです。

このこと自体は、それほど驚くことではありませんが、さらにブライアントは突っ込んだ質問をしています。

「その思い出を思い出すと、どうなるか？」と尋ねたのです。すると、19％は、「今でもポジティブな気持ちになる」と答えました。楽しい記憶を思い出すと、何度でも楽しめる人が多いことがわかったのです。

人間関係での楽しい思い出は、「1粒で2度おいしい」わけです。

1回、楽しいことがあれば、それを思い出すと、もう一度、気分がよくなれますからね。

さらにブライアントが調べたところ、80％の人たちは、そうした楽しい思い出を「忘れないようにしておく」こともわかりました。

いざ、自分が落ち込んでしまったときや、一人きりで寂しいと感じたときに、「最高の思い出」をすぐに思い出せるようにするため、頭の中の記憶に、きちんと「貯めておく」のですね。

恋人や我が子の写真は「撮りまくる」

みんなでカラオケに行って大いに盛り上がっているときには、とにかく写真や動画を撮りまくって、どんどん記録しておきましょう。そういうデータを残しておけば、後で見て、何度でも楽しむことができます。

恋人と夏祭りに出かけたときにも、やはりどんどん記録は残しておいてください。彼女の浴衣《ゆかた》姿など、めったに見られるものではありません。

写真が残っていれば、お祭りの後でも、彼女の浴衣姿を楽しめます。女性だって、彼氏の甚平《じんべい》姿を記録しておけば、いつでも、どこでも楽しむことができるでしょう。

子どもが生まれたばかりの夫婦は、とにかく子どもの写真を撮りまくりますが、それも心理的にはいいことです。

何十年か経って、自分が年をとってからも、子どもの写真を見返せば、当時の幸せな記憶が蘇《よみがえ》ってきて、そのたびに楽しい気分になれるからです。

「ハッピー・メモリー」が増えるほど気分よく生きられる

42 毎日を「多幸感でいっぱい」にする習慣

身体的な触れ合いは、私たちの心を癒してくれます。まだ私たちが赤ちゃんだった頃、母親に抱きしめられていたときの安心感を思い出すからでしょうか。

サルも、しょっちゅうお互いの毛づくろいをしています。サルにとっての毛づくろいは、毛を清潔にするというより、お互いの緊張を減らして、心地よさを感じるのに役に立っていることがわかってきました。

イギリスのケンブリッジ大学のエリック・ケヴァーンは、サル同士が毛づくろいをしているときのベータ・エンドルフィン濃度を測定したのですが、毛づくろいをする前には濃度が17％だったものが、毛づくろいの後には、なんと186％

へと増加することがわかりました。

ベータ・エンドルフィンとは、脳内で働く神経伝達物質の一種。これがたくさん分泌されると、**鎮痛効果**や、**多幸感**などが得られるので、脳内麻薬とも呼ばれています。毛づくろいによって、その濃度が高まったということは、サルたちはとても心地よい状態になったということです。

人間でもそうで、恋人同士でイチャイチャしていたりすると、脳内でたくさんベータ・エンドルフィンが分泌され、お互いにハッピーな状態になれるのです。

酔っ払って「肩を抱き合う」のも悪くない

大人になると、身体的な接触を避けるようになってしまうものですが、相手と触れ合うことは、緊張を緩和し、心を癒してくれますから、できるだけたくさん行ないたいものです。

外国ですと、挨拶代わりに、お互いの頬《ほお》を合わせたり、ハグをしたりすることもあります。おそらく、そういう挨拶行動は、もともと知らない人同士の緊張を緩和するために始まったものなのでしょう。そういう挨拶がある国では、自然な形で「触れ合い」ができるので、とても羨ましいですね。

日本のサラリーマンも、昔は、よく一緒に酔っ払って、肩を抱きながら歌を歌ったりしていましたが、そういう「触れ合い」があったからこそ、猛烈に仕事をしながら、それでいて心はスッキリしていたのではないかと思います。

最近は、そのような機会も減っているようですが、男性であれば上司や先輩に向かって、「頑張ったんだから、僕の頭をなでてください」とお願いしてみるのも、意外にかわいらしくていいのではないかと思うのですが、どうでしょうか。

やっぱり難しいでしょうか。

「触れ合い」が増えるほど心もスッキリする不思議

43 「自然がたっぷりの場所」で深呼吸する

都会には、さまざまな広告など、私たちの注意を引く刺激が溢れかえっています。自分ではあまり気にしないかもしれませんが、そうしたものが視界に入ってくれば、どうしても神経がたかぶります。

刺激が次から次へと目の中に飛び込んできて、そのたびに脳みそが活性化されていては、「気を休めろ」といっても無理な相談です。

では、どうすればいいのかというと、18世紀フランスの思想家、ジャン＝ジャック・ルソーではありませんが**「自然に帰れ」**というアドバイスが有効です。

緑がたくさんあって、川のせせらぎが聞こえてくるような場所であればベストです。

公園でもかまいませんし、川沿いの道でもかまいません。

自然がたっぷりで、「あっ、ここってすごく落ち着くな」という場所を近場で探しておくとよいでしょう。そこが、みなさんにとっての**「気を休める場所」**であり、**「日々の緊急避難場所」**になります。

5分でも、10分でも、自然がたっぷりのところを軽くウォーキングすれば、「つまらないこと」など、すっかり忘れることができるでしょう。

観葉植物を眺めるだけでも一息つける

アメリカのミシガン大学のバーク・バーマンは、一連の数字を聞いて、それを逆の順番で読み上げなければならないという、とても精神的に疲労する作業をしばらくやらせました。

たとえば、「5—4—7—2」と聞いたら、すぐに「2—7—4—5」と答えなければならないのです。ものすごく疲れる作業です。これを35分間、合計で144回もやるのですから、たいていの人はクタクタになりました。

さて十分にクタクタにさせたところでバーマンは、実験参加者にウォーキングをしてもらいました。

歩く場所ですが、半分のグループは、自然がたっぷりの公園。残りの半分は、ギラギラした刺激たっぷりの都市部です。距離の差が出ると比較ができなくなるので、ウォーキングの距離は、どちらも約2・8マイル（約4・5キロメートル）ということになっていました。

さて、ウォーキングが終わったところで、もう一度先ほどの作業をやらなければならなかったのですが、**自然たっぷりの公園を歩いてきたグループでは、注意力が回復**していました。最初にやったときと同じくらい作業ができたのです。ところが都市部を歩いてきた人では、作業量はてきめんに落ちました。ウォーキングは集中力や注意力を回復させる効果があるとはいえ、都市部だとその効果は落ちてしまうようです。

「外を散歩するのは、夏は暑いし、冬は寒いし、ちょっとイヤだなあ」という人は、**観葉植物を眺める**などでもかまいません。

オーストリアのウィーン医科大学のリネイト・カーヴィンカは、「自然愛好家ほどハッピーになれる」というタイトルの論文を発表しています。カーヴィンカは、サンプルを変えながら5回も調査をしたのですが、どんな調査をしても、**自然が好きな人ほど、精神的にも、身体的にも健康だった**のです。

「自然の中をウォーキング」で心の疲れもスッキリ洗い流せる

44 「自分さえよければいい」を抜け出す

地域コミュニティのゴミ拾いであるとか、子どもの通っている小学校の草むしりであるとか、そういうボランティアには積極的に参加しましょう。

ショッピングに出かけたときに、献血をやっているのを見かけたら、できるだけ参加するのもおススメです。

何の見返りも求めずにボランティア活動をするのは、とても気持ちがいいことです。

打算的なことばかり考えていると、なんだか気持ちがせせこましくなってきませんか？

「損したくない」「自分だけがよければいい」という考えから踏み出して、無償のボランティアをしてみれば、何とも言えない清々《すがすが》しさを感じることができるのです。

アメリカのテネシー州にあるヴァンダービルト大学のペギー・ソイツは、アメリカ人の代表的な人たち2681名について、3年間の期間をあけて2回の調査を行ないました。

調査の内容は何かというと、「過去12カ月でのボランティア活動」について聞いたのです。ボランティアは何でもよく、学校で、教会で、病院で、会社で行なわれているようなボランティアにどれくらい参加したのかを教えてもらいました。

さらに、ソイツは、幸福感、満足感、自尊心、人生は自分でコントロールできるという信念、抑うつの度合い、身体的な健康、の6つの指標についても答えてもらいました。

すると驚くべきことに、ボランティア活動に積極的な人は、これら6つの指標すべてで好ましい結果が出たのです。1つ、2つではなく、6つすべてで、です。

ボランティアをやってみると、

「私って幸せだなあ」

「十分に満足できる人生だなあ」

「私っていい人だなあ」

「私の人生は、自分で切り開くことができるんだ」

という気持ちが得られます。暗いことなど考えなくなって、**いいことずくめの結果**になるのです。

「コンビニの募金箱に小銭を入れる」だけでもいい

ボランティア活動といっても、大げさに考えることはありません。

ちょっと早起きして自宅前を掃除するついでに、隣り近所の前まで掃除をするのも立派なボランティア。社内のちょっと汚れているところをササッと拭くのも、立派なボランティア。お金がからまず、何の見返りもないことなら、どんなことでもボランティアです。

コンビニやスーパーのレジの横には、募金箱が置かれていることがありますよね。そこにお釣りを入れるのも、ボランティアです。

そういう行為をしていると、心の中に幸せな気持ちが生まれてきます。

「人のために何かをする」というのは、とても気持ちのいいことなのです。

とびきりの清々しさは〝打算〟からは得られない

あとがき――生きていく上で「悩み」はゼロにできないから……

心にまったく悩みもなく生きていけるような人は、たぶん一人もいないのではないかと思います。

誰でも、多かれ少なかれ、自分なりの悩みを抱えながら、どうにかこうにか現実と折り合いをつけつつ生きているのではないでしょうか。

かくいう私も、本書の中では、「こうすると気が休まるよ」と偉そうにアドバイスしておりますが、

「それでは、お前自身はまったく何の悩みもなく、悟りを開いたような生き方をしているのか」

と問われれば、そんなことはまったくないとお答えするしかありません。

ただし、私は多少の心理学の知識がありますし、しかも自分で心理学の法則を実践するアクティビストでもあるので、普通の人よりは、ストレスや心の悩みを減らせているのではないかと思っています。

悩むこと自体は、人間として生きていく以上、完全になくすことはできないのでしょう。でも、悩みの度合いを弱めることはできます。「まあ、これくらいはしかたないか」と、自分でも納得できるレベルにまで弱めることはできるのです。

本書では、できるだけ簡単で、できるだけその場ですぐに実践できる心理テクニックだけをご紹介してきました。小道具などを用意するものもありますが、身近なところで手に入るものばかりですから、そんなに手間はかからないと思います。

世の中には、ひどい人たちがいて、人の悩みにつけ込んで、高額な商品を売りつけようとしたり、怪しげな宗教に勧誘しようとしたりします。

そういう人たちにカモにされないためにも、ぜひ**「自分の悩みは、自分で解決する」**という基本姿勢を身につけてください。そのために本書が少しでもお役に立てれば幸いです。

ちなみに、本書は、『いちいち気にしない心が手に入る本』『いちいち感情的にならない本』（どちらも三笠書房・王様文庫刊）というシリーズの第3弾にあたるものです。

もしよろしければ、前2作についてもお読みください。きっと心がスッキリと晴れやかになりますよ。

最後までおつき合いくださいまして、本当にありがとうございました。

読者のみなさまが、悩みに振り回されることなく、いつでも明るく、楽しく暮らしていけることをお祈りしながら、筆をおきます。

また、どこかでお会いしましょう。

内藤誼人

お・し・ま・い

Immediate responses to 9/11 predict negative outcomes in a national sample. Journal of Consulting and Clinical Psychology, 76, 657-667.
●Taylor, L. D. 2012 Cads and dads on screen: Do media representations of partner scarcity affect partner preferences among college-aged women? Communication Research, 39, 523-542.
●Taylor, S. E., Lerner, J. S., Sherman, D. K., Sage, R. M., & McDowell, N. K. 2003 Portrait of the self-enhancer: Well adjusted and well liked or maladjusted and friendless? Journal of Personality and Social Psychology, 84, 165-176.
●Tedeschi, R. G., & Calhoun, L. G. 2004 Posttraumatic growth: Conceptual foundations and empirical evidence. Psychological Inquiry, 15, 1-18.
●Thoits, P. A., & Hewitt, L. N. 2001 Volunteer work and well-being. Journal of Health and Social Behavior, 42, 115-131.
●Twenge, J. M., Zhang, L., Catanese, K. R., Dolan-Pascoe, B., Lyche, L. F., & Baumeister, R. F. 2007 Replenishing connectedness: Reminders of social activity reduce aggression after social exclusion. British Journal of Social Psychology, 46, 205-224.
●Warland, R. H., Herrmann, R. O., & Willits, J. 1975 Dissatisfied consumers: Who gets upset and who takes action. Journal of Consumer Affairs, 9, 148-163.
●Webb, T. L., Miles, E., & Sheeran, P. 2012 Dealing with feeling: A meta-analysis of the effectiveness of strategies derived from the process model of emotion regulation. Psychological Bulletin, 138, 775-808.
●Wilson, T. D., Wheatley, T., Meyers, J. M., Gilbert, D. T., & Axsom, D. 2000 Focalism: A source of durability bias in affective forecasting. Journal of Personality and Social Psychology, 78, 821-836.

are web users willing to wait? Behaviour and Information Technology, 23, 153-163.
●Nathan, D. C., Geoff, M., Webster, G. D., Masten, C. L., Baumeister, R. F., Powell, C., Combs, D., Schurtz, D. R., Stillman, T. F., Tice, D. M., & Eisenberger, N. I. 2010 Acetaminophen reduces social pain: Behavioral and neural evidence. Psychological Science, 21, 931-937.
●Neal, D. T., Wood, W., & Drolet, A. 2013 How do people adhere to goals when willpower is low? The profits(and pitfalls) of strong habits. Journal of Personality and Social Psychology, 104, 959-975.
●Paquette, V., Levesque, J., Mensour, B., Leroux, J. M., Beaudoin, G., Bourgouin, P., & Beauregard, M. 2003 "Change the mind and you change the brain" : Effects of cognitive ? behavioral therapy on the neural correlates of spider phobia. Neuroimage, 18, 401-409.
●Ray, R. D., Wilhelm, F. H., & Gross, J. J. 2008 All in mind's eye? Anger rumination and reappraisal. Journal of Personality and Social Psychology, 94, 133-145.
●Robert, C., & Wilbanks, J. E. 2012 The wheel model of humor: Humor events and affect in organizations. Human Relations, 65, 1071-1099.
●Ruedy, N. E., Moore, C., Gino, F., & Schweitzer, M. E. 2013 The Cheater's high: The unexpected affective benefits of unethical behavior. Journal of Personality and Social Psychology, 105, 531-548.
●Schippers, M. C., & Van Lange, P. A. M. 2006 The psychological benefits of superstitious rituals in top sport: A study among top sportspersons. Journal of Applied Social Psychology, 36, 2532-2553.
●Schmid, P. C., & Mast, M. S. 2013 Power increases performance in a social evaluation situation as a result of decreased stress responses. European Journal of Social Psychology, 43, 201-211
●Schwartz, B., Ward, A., Monterosso, J., Lyubomirsky, S., White, K., & Lehman, D. R. 2002 Maximizing versus satisficing: Happiness is a matter of choice. Journal of Personality and Social Psychology, 83, 1178-1197.
●Seery, M. D., Silver, R. C., Holman, E. A., Ence, W. A., & Chu, T. Q. 2008 Expressing thoughts and feeling following a collective trauma:

●Kilmann, P. R., & Auerbach, S. M. 1974 Effects of marathon group therapy on trait and state anxiety. Journal of Consulting and Clinical Psychology, 42, 607-612.
●King, L. A. 2001 The health benefits of writing about life goals. Personality and Social Psychology Bulletin, 27, 798-807.
●Kross, E., & Ayduk, O. 2008 Facilitating adaptive emotional analysis: Distinguishing distanced-analysis of depressive experiences from immersed-analysis and distraction. Personality and Social Psychology Bulletin, 34, 924-938.
●Levine, B. A. 1976 Treatment of trichotillomania by covert sensitization. Psychiatry, 7, 75-76.
●Marks, M., & Harold, C. 2011 Who asks and who receives in salary negotiation. Journal of Organizational Behavior, 32, 371-394.
●Mastellone, M. 1974 Aversion therapy: A new use for the old rubber band. Journal of Behavior Therapy and Experimental Psychiatry, 5, 311-312.
●Mcdonald, R. I., Newell, B. R., & Deson, T. F. 2014 Would you rule out going green? The effect of inclusion versus exclusion mindset on pro-environmental willingness. European Journal of Social Psychology, 44, 507-513.
●Millar, M. G., & Millar, K. 1995 Negative affective consequences of thinking about disease detection behaviors. Health Psychology, 14, 141-146.
●Miron-Shatz, T. 2009 "Am I going to be happy and financially stable?" : How American women feel when they think about financial security. Judgment and Decision Making, 4, 102-112.
●Modin, B., Ostberg, V., & Almquist, Y. 2011 Childhood peer status and adult susceptibility to anxiety and depression. A 30-year hospital follow-up. Journal of Abnormal Child Psychology, 39, 187-199.
●Muraven, M. 2010 Building self-control strength; Practicing self-control leads to improved self-control performance. Journal of Experimental Social Psychology, 46, 465-468.
●Nah, F. F. H. 2004 A study on tolerable waiting time: How long

●Giuliani, N. R., Calcott, R. D., & Berkman, E. T. 2013 Piece of cake, cognitive reappraisal of food craving. Appetite, 64, 56-61.
●Greer, S. 1991 Psychological response to cancer and survival. Psychological Medicine, 21, 43-49.
●Gross, E. F. 2009 Logging on, bouncing back: An experimental investigation of online communication following social exclusion. Developmental Psychology, 45, 1787-1793.
●Hallett, R., & Lamont, A. 2019 Evaluation of a motivational pre-exercise music intervention. Journal of Health Psychology, 24, 309-320.
●Helliwell, J. F., & Huang, H. 2011 Well-being and trust in the workplace. Journal of Happiness Studies, 12, 747-767.
●Hochshcild, A. R. 1979 Emotion work, feeling rules, and social structure. American Journal of Sociology, 85, 551-575.
●Howell, J., Koudenberg, N., Loschelder, D. D., Weston, D., Fransen, K., de Dominicis, S., Gallagher, S., & Haslam, S. A. 2014 Happy but unhealthy: The relationship between social ties and health in an emerging network. European Journal of Social Psychology, 44, 612-621.
●Howell, R. T., Kurai, M., & Tam, L. 2013 Money buys financial security and psychological need satisfaction: Testing need theory in affluence. Social Indicators Research, 110, 17-29.
●Jacoby, J., Speller, D. E., & Kohn, C. A. 1974 Brand choice behavior as a function of information load. Journal of Marketing Research, 11, 63-69.
●Kasser, T., & Ryan, R. M. 1996 Further examining the American dream: Differential correlates of intrinsic and extrinsic goals. Personality and Social Psychology Bulletin, 22, 280-287.
●Kemps, E., & Tiggemann, M. 2013 Hand-held dynamic visual noise reduces naturally occurring food cravings and craving-related consumption. Appetite, 68, 152-157.
●Keverne, E. B., Martensz, N. D., & Tutte, B. 1989 Beta-endorphin concentrations in cerebrospinal fluid of monkeys are influenced by grooming relationships. Psychoneuroendocrinology, 14, 155-161.

befriending in low level support for socially isolated older people-an evaluation. Health and Social Care in the Community, 19, 198-206.
●Cervinka, R., Roderer, K., & Hefler, E. 2011 Are nature lovers happy? On various indicators of well-being and connected with nature. Journal of Health Psychology, 17, 379-388.
●Chen, Z., & Williams, K. D. 2012 Imagined future social pain hurts more now than imagined future physical pain. European Journal of Social Psychology, 42, 314-317.
●Chen, Z. S., Williams, K. D., Fitness, J., & Newton, N. C. 2008 When hurt will not heal. Exploring the capacity to relive social and physical pain. Psychological Science, 19, 789-795.
●Constantino, M. J., Laws, H. B., Arnow, B. A., Klein, D. N., Rothbaum, B. O., & Manber, R. 2012 The relation between changes in patients' interpersonal impact messages and outcome in treatment for chronic depression. Journal of Consulting and Clinical Psychology, 80, 354-364.
●Dean, M., Raats, M. M., & Shepperd, R. 2008 Moral concerns and consumer choice of fresh and processed organic foods. Journal of Applied Social Psychology, 38, 2088-2907.
●Donaldson, J. M., & Vollmer, T. R. 2012 A procedure for thinning the schedule of time-out. Journal of Applied Behavior Analysis, 45, 625-630.
●Drwal, J. 2008 The relationship of negative mood regulation expectancies with rumination and distraction. Psychological Reports, 102, 709-717.
●Erskine, J. A. K. 2008 Resistance can be futile: Investigating behavioural rebound. Appetite, 50, 415-421.
●Erskine, J. A. K., Georgiou, G. J., & Kvavilashvill, L. 2010 I suppress, therefore I smoke: Effects of thought suppression on smoking behavior. Psychological Science, 21, 1225-1230.
●Gibney, S., Martens, A., Kosloff, S., & Dorahy, M. J. 2013 Examining the impact of obedient killing on peritraumatic dissociation using a bug-killing paradigm. Journal of Social and Clinical Psychology, 32, 261-275.

参考文献

●Abdel-Khalek, A. M., & El-Yahfoufi, N. 2005 Wealth is associated with lower anxiety in a sample of Lebanese students. Psychological Reports, 96, 542-544.

●Andrade, J., Pears, S., May, J., & Kavanagh, D. J. 2012 Use of clay modeling task to reduce chocolate craving. Appetite, 58, 955-963.

●Aronson, E., Willerman, B., & Floyd, J. 1966 The effect of a pratfall on increasing interpersonal attractiveness. Psychonomic Science, 4 , 227-228.

●Berman, M. G., Jonides, J., & Kaplan, S. 2008 The cognitive benefits of interacting with nature. Psychological Science, 19, 1207-1212.

●Bianchi, R., Schonfeld, I. S., & Laurent, E. 2015 Interpersonal rejection sensitivity predicts burnout: A prospective study. Personality and Individual Differences, 75, 216-219.

●Brown, J. D. 2010 High self-esteem buffers negative feedback: One more with feeling. Cognition and Emotion, 24, 1389-1404.

●Brown, K. W., & Ryan, R. M. 2003 The benefits of being present; Mindfulness and its role in psychological well-being. Journal of Personality and Social Psychology, 84, 822-848.

●Bryant, F. B., Smart, C. M., & King, S. P. 2005 Using the past to enhance the present: Boosting happiness through positive reminiscence. Journal of Happiness Studies, 6, 227-260.

●Bushman, B. J. 2002 Does venting anger feed or extinguish the flame? Catharsis, rumination, distraction, anger, and aggressive responding. Personality and Social Psychology Bulletin, 28, 724-731.

●Cantarero, K., & van Tilburg, W. A. P. 2014 Too tired to taint the truth: Ego-depletion reduces other-benefiting dishonesty. European Journal of Social Psychology, 44, 743-747.

●Carre, J. M., & Putnam, S. K. 2010 Watching a previous victory produces an increase in testosterone among elite hockey players. Psychoneuroendocrinology, 35,, 475-479.

●Cattan, M., Kime, N., & Bagnall, A. M. 2011 The use of telephone

本書は、本文庫のために書き下ろされたものです。

なかなか気《き》持《も》ちが休《やす》まらない人《ひと》へ

著者　内藤誼人（ないとう・よしひと）
発行者　押鐘太陽
発行所　株式会社三笠書房
〒102-0072 東京都千代田区飯田橋3-3-1
電話　03-5226-5734（営業部） 03-5226-5731（編集部）
http://www.mikasashobo.co.jp
印刷　誠宏印刷
製本　ナショナル製本

 ISBN978-4-8379-6917-4 C0130

王様文庫

王様文庫

対人心理学のスペシャリスト
内藤誼人の本

いちいち気にしない心が手に入る本

対人心理学のスペシャリストが教える「何があっても受け流せる」心理学。◎「マイナスの感情」をはびこらせない ◎〝胸を張る〟だけで、こんなに変わる ◎「自分だって捨てたもんじゃない」と思うコツ……etc.「心を変える」方法をマスターできる本！

いちいち感情的にならない本

忙しすぎてイラッ、「何気ないひと言」にグサッ、軽く扱われてモヤッ……あなたも「些細なこと」で心の波風、立てていませんか？ 感情をうまく整理して、「ムッ」とくる気持ちをこじらせない方法が満載の1冊！ 心理学の「ちょっとしたコツ」で気分は晴れていきます。

面白いくらいすぐやる人に変わる本

「はかどる」「余裕がうまれる」「もっとできる」……1ページ、ためしてみるごとに、心まで超スッキリ！ 「やることがサクサク片づく」ノウハウと心理知識がたっぷりつまった本。ラベリング効果、スイス・チーズ法――毎日が圧倒的にシンプル&スムーズに！

K30502